El Nuevo Reinado del Dólar C

-Primera edición

Ramón Salcido Moreno

ISBN: 978-1-948150-89-7

Dos caminos se bifurcaron en un bosque y tomé el menos transitado; eso ha marcado la diferencia. (Robert Frost)

"Todo lo que tenemos que decidir es qué hacer con el tiempo que se nos ha dado" (Gandalf, The Lord of the Rings)

Contenido			Página

Prólogo

Por: José Eduardo Borunda Escobedo

La obra del académico, periodista y experto en áreas de la economía y las finanzas, Ramón Salcido Moreno, es un análisis de geopolítica del nuevo orden mundial que ha estado en las tesis de los economistas estadounidenses que perciben precisamente a los hombres y mujeres de la nación americana como los dioses del mundo. Su autodefinición como salvadores del mundo y concebirse como los herederos del oro con la bendición divina nos obliga a pensar ¿Qué es eso? Es decir, qué está pasando en Estados Unidos con su moneda y su filosofía política y económica.

Es precisamente su objeto de estudio, de la presente obra que se aplica a sus escritos y publicaciones que el maestro Ramón Salcido desentraña y que nos muestra que el año 2025 es y será recordado como un año complicado. Señala categorías de análisis como el empleo, el valor del dólar, comercio, deuda pública con un lenguaje claro y preciso en la nueva era de Donald Trump. El análisis es un ejemplo claro de la puesta en marcha de políticas públicas con la intensión de revalorar el papel de los Estados Unidos de América como lo estableció en su campaña política: "Make America Great Again!" (¡Hagamos que Estados Unidos vuelva a ser grande!).

El poder económico ha sido una temática para los estudiosos de las ciencias sociales, no es desconocer su impacto en las decisiones de gobierno de los "dueños del pueblo" a quienes se les atribuye la riqueza de las naciones. Esos "dueños del pueblo", en un nivel supranacional encontraron que la divisa americana afectaba las relaciones comerciales entre los países miembros de comunidades quienes se quejaban del "poder" que tenía el dólar. El "euro" en este contexto, es una contra medida para quitar ese poder a la economía americana que se reflejaba en el valor de uso e intercambio entre monedas en los países miembros de la comunidad europea.

La moneda es entonces un análisis complejo en su dimensión, no tan tediosa como lo haría el mismo Karl Marx en su obra El Capital, sino que actualiza la función de uso y el valor agregado, para que esa mercancía, en un simple billete, tenga valor comercial. Esa es la genialidad de Ramón Salcido, analiza el estado actual de la economía y el cómo funciona en el sistema comercial estadounidense con relación al resto del mundo.

Así, las tesis de los gobiernos republicanos que han influido en las economías de los países en donde Estados Unidos ha tratado de debilitar o fortalecer lazos económicos, precisamente para mantener u obtener poder político. Léase entonces, el cómo se influye en las políticas internas de los países desde la Casa Blanca, otorgando o negando créditos a través del uso político del dólar y las finanzas públicas.

En la obra se explica el fortalecimiento económico que tuvo China, propiciada desde los propios Estados Unidos. Es decir, el poder económico y comercial de China fue producto de las políticas comerciales y económicas que impulsó el país de las "oportunidades" como política exterior con la finalidad de neutralizar amenazas de países "comunistas". El resultado fue la dependencia en ciertos sectores que hoy son una amenaza a la estabilidad política, precisamente de la "gran nación".

En el análisis del autor, se evalúa el peso que tiene la economía global y el poder de cambio de la moneda. Aunque en teoría debieran valer lo mismo, el peso argentino, el euro de la comunidad europea, el dólar estadounidense y el peso mexicano "no valen lo mismo" y con ello es como jugar al "monopoly", con tasas de interés, sobrevaloraciones de las monedas, con afectaciones en las importaciones y exportaciones comerciales que se dan en todo el mundo.

El autor hace referencia en su análisis el cómo una devaluación del dólar, en realidad beneficia a la política arancelaria de los norteamericanos. ¿Un comprador mexicano, gasta menos pesos en comprar un artículo en Estados Unidos? Sí. Pero la pregunta que necesitamos hacer es la siguiente ¿Un vendedor mexicano que vende sus productos a Estados Unidos recibe menos por sus productos cuando la moneda se devalúa (dólar americano)? La respuesta también es sí. En conclusión, Estados Unidos gana en cualquiera de las dos afirmaciones anteriores.

Lo anterior es lo que explica el Maestro Ramón Salcido, como si se tratara de un juego de palabras, pero en el que hay que entender las dimensiones económicas y geopolíticas de los articuladores de esta política fiscal y económica, donde de nueva cuenta Estados Unidos se consolida como el gran ganador ("again") otra vez.

Existe una amplia selección de fuentes de información que respaldan la hipótesis de Salcido Moreno en el sentido que la incertidumbre de la política de Donald Trump tiene cierto sentido. Jugar con los indicadores macroeconómicos que el sentido común nos indica una cosa, pero que reflejan otra, es decir, lo que vemos y no vemos de las políticas de los gobiernos mundiales.

¿Qué hay detrás de todo esto? Es simple, la implementación de filosofías, creencias y actitudes mesiánicas, suplantación de la fe cristiana que se envuelve en una lucha frontal entre el bien y mal. El gobierno de Donald Trump es un gobierno con la creencia que es el salvador del mundo, pero en específico del pueblo norteamericano. Por eso las redadas, el uso de un lenguaje de que "nos robaron los empleos", "nos robaron las empresas", discursos que cuando se repiten una y otra vez, son creídos por un grupo mayor de personas que no tienen empleos o simplemente han caído en la pobreza del supercapitalismo.

En uno de sus capítulos, se explica con sencillez que la crisis económica de Estados Unidos tiene un doble jaque mate a su desarrollo. Por un lado, exporta menos que lo que importa, lo cual le representa un déficit comercial. Por otro lado, gasta más el gobierno que lo que recauda de impuestos, un déficit presupuestal. Para explicarlo, podemos decir, una persona no debe gastar más de lo que gana y si lo hace, pues compromete su economía. Eso le pasa a Estados Unidos, su economía está comprometida.

¿Una moneda mundial para reemplazar al dólar o cualquier otra moneda de otro país o de todos? Hubo ya un intento, pero fracaso. La política económica de Estados Unidos hizo que se estableciera el Fondo Monetario Internacional, el FMI, y con ello mantiene el control de los mercados mundiales. ¿Porqué? El autor también explica los intentos de frenar ese poder y el cómo se mantiene en la actualidad.

Se analiza el concepto de "bonos del ahorro" y el juego de compraventa de estos que ha sumergido a las finanzas estadounidenses en una dependencia económica con países como Japón, Inglaterra y por supuesto China. Pareciera contradictorio, pero el país "más poderoso del mundo" está endeudado hasta con sus propios enemigos comerciales o que ideológicamente no son grandes aliados como el país asiático.

¿Qué hacer para desmantelar esa amenaza económica en Estados Unidos? Han surgido algunas ideas, una de ellas y que se cristaliza en su operación es una moneda digital, respaldada por el dólar y la emisión de bonos gubernamentales. La duda que existe es si funcionará a largo plazo la medida para evitar dicha dependencia económica extranjera en la deuda pública estadounidense o se convertiría en una amenaza en el sector de la banca o financiero.

El dólar también como moneda de uso mundial está siendo sancionado por países que no están de acuerdo con su uso financiero y comercial y han propuesto por ejemplo el uso de una moneda llamada "unidad" y/o BRICS como un contrapeso a las políticas norteamericanas. El autor explica este fenómeno y la posibilidad o no que ocurra un nuevo escenario internacional con su implementación. En estos escenarios, también hay una versión mexicana imitando las monedas digitales que han surgido como respuesta a los mercados financieros internacionales.

Se han preguntado lo siguiente ¿Pueden existir monedas ficticias o irreales, con las cuáles nos paguen pero que nunca podamos ver o tener en nuestro poder? Esa es la idea que desarrolla el autor y analiza en un capítulo donde se desglosa los pros y los contras de monedas digitales que ponen en duda que un ciudadano pueda usar como él quiera… el controle económico del Estado en su máxima expresión para decir qué sí y que no puedes comprar como usuario final, aquí se detallan las escaramuzas del funcionamiento de algunas criptomonedas como el "Bitcoin".

El por qué leer la obra es de sobra decirlo, comprender el mercado cambiario, identificar las intenciones de los aranceles, la fragilidad de las monedas, así como entender conceptos básicos de economía y finanzas que permitan aprovechar las ventajas competitivas y claro poder responder a las demandas de sujeción que puedan venir de la Casa Blanca. La obra es de consulta obligada a estudiantes de comercio exterior, relaciones internacionales e incluso para sectores manufactureros y académicos.

Las fuentes documentales del texto muestran una gran actualización sobre el tema, identifica las amenazas de los aranceles, las áreas de oportunidad y plantea las necesidades reales para acondicionar un clima para inversionistas de todo el mundo que desean hacer negocios con Estados Unidos. Sin decirlo, el autor también infiere que, si no existiera una dependencia económica de los países con Estados Unidos, las amenazas de éste serían nulas en cuanto a la fiscalización monetaria.

En conclusión, el texto del académico Ramón Salcido Moreno es un análisis de la situación actual en el escenario comercial y fiscal que caracteriza al segundo mandato del presidente Donald Trump y que ha dado incertidumbre a las economías del mundo sobre lo que se espera en cuanto aranceles y políticas de restricción a la producción mundial de mercancías y alimentos.

Doctor José Eduardo Borunda Escobedo, profesor investigador de tiempo completo, Universidad Autónoma de Chihuahua.

INTRODUCCION

Con la revolución económica que está llevando a cabo el presidente número 47 de los Estados Unidos, se están gestando cambios profundos en la ingeniería financiera del mundo. Si bien, no todo lo que se está implementando es idea del propio mandatario, y en algunos casos tampoco es nuevo, es un hecho que existe una reingeniería profunda con implicaciones para todos los habitantes del planeta.

Donald Trump, está sentando las bases para fortalecer las inversiones en activos criptográficos, y la vez, intenta asegurar para el dólar americano su hegemonía, con nuevos esquemas y de frente a las amenazas de países que se resisten al reinado continuo de esa moneda.

Sus acciones no están exentas de controversia, pero cuenta con una fuerte base de apoyo que le ha permitido solventarlas, hasta ahora. En parte porque es considerado por muchos de sus seguidores, como la figura que detendrá la decadencia de occidente y la degradación de Norteamérica. Es para ellos, el nuevo "katechon", el que detiene la llegada del mal, como se explicará en este libro.

Sin duda alguna, los aranceles son la parte visible que más genera confrontación, ya no digamos entre los países afectados, sino al interior de los Estados Unidos. Pero poco se informa de manera abierta, cuáles son los verdaderos motivos que están detrás de tan impopular medida.

En este libro, se analiza a detalle, qué es lo que llevó al presidente número 47 de los Estados Unidos a aplicar la actual receta que tiene al mundo en constante estrés y con fuerte dosis de incertidumbre.

Lo que se va a mostrar, tiene una fuerte trascendencia para el mundo entero, toda vez que lo que trata de alcanzar Trump es una reconfiguración del sistema monetario del dólar y su relación con el comercio mundial.

Este material, es lectura obligada para estudiantes de economía, finanzas internacionales, administración pública o de empresas, así como para el respetable público que busque conocer hacía donde va Estados Unidos y por ende el mundo.

Lo que el presidente Trump lleva a cabo, es una redefinición del papel que el dólar americano tendrá y que es distinto al que había tenido antes de su ascenso a su segundo mandato el 20 de enero de 2025.

Algunos, podrán pensar que desdibuja o deconstruye un modelo económico, financiero y monetario. Pero en realidad, parte de ciertos principios ya aplicados, para agregar toda una nueva visión, que no es, y debe puntualizarse, de su autoría.

El mandatario se ha apoyado en las tesis de su asesor de cabecera, el economista Stephen Miran, por ejemplo, quien es el verdadero autor de la tesis de los aranceles.

Para Miran, que el dólar sea la moneda de reserva mundial tiene ventajas y desventajas para la economía estadounidense, como menores costos de endeudamiento, sobrevaluación de la moneda y un término que él define como extraterritorialidad financiera, que también se ampliará más adelante.

Estos factores afectan la competitividad de las exportaciones estadounidenses y el panorama económico general. Un dólar caro, no permite a los exportadores, vender al nivel que desearían, por ejemplo.

El dólar, estaba sobrevaluado, por lo que, desde el día uno de su gobierno, Trump se ha dedicado a torpedearlo, para que baje de valor. Esta tesis se abordará con mayor detenimiento.

Según Miran, la sobrevaluación del dólar provoca la pérdida de empleos en el sector manufacturero, especialmente durante las recesiones económicas.

Miran (2023) afirma que Estados Unidos ha registrado un déficit por cuenta corriente desde 1982, lo que indica la incapacidad del dólar para equilibrar el comercio, de acuerdo con lo publicado en su artículo "A User's Guide to Restructuring the Global Trading System".

Aunque cabe señalar, que no todas las ideas de Miran son propias; por ejemplo, aquella que tiene que ver con la necesidad de devaluar el dólar para lograr que la economía norteamericana sea más competitiva.

Hay que recordar que, según Bergsten y Green (2015), los Acuerdos Plaza, firmados el 22 de septiembre de 1985 en el Hotel Plaza de Nueva York, fueron un pacto multilateral entre Estados Unidos, Japón, Alemania Occidental, Francia y el Reino Unido, cuyo objetivo principal fue corregir los desequilibrios en la balanza de pagos mediante la depreciación coordinada del dólar estadounidense.

Los autores, indican que el acuerdo surgió en un contexto de fuerte sobrevaloración del dólar, que afectaba la competitividad de las exportaciones estadounidenses. La intervención conjunta de los bancos centrales logró una notable depreciación del dólar en los dos años siguientes, sentando un precedente en la cooperación internacional sobre política cambiaria.

Como se ve, las ideas de Miran, no necesariamente son completamente de él o por decirlo de otra manera, originales. Sin embargo, se debe poner atención, en el hecho de que las condiciones actuales, son muy distintas a lo que la humanidad presenciaba en 1985.

Tanto los Acuerdos Plaza, como las tesis de Miran, van de la mano, pero su análisis por separado se justifica por diversas razones que se abordarán a lo largo de este libro.

La depreciación del dólar, no obstante, es solo la punta del iceberg del modelo Trump. Aquí también cabe una aclaración, decimos el modelo Trump, porque en la época actual es quien lidera su implementación, pero como ya se definió líneas arriba, no son en su totalidad ideas originales.

El modelo, busca potenciar el papel del dólar como moneda de reserva y de intercambio comercial global. De hecho, lo que busca Trump, es una extensión a los alcances que ya venía haciendo su divisa, y que, debido al excesivo endeudamiento de EU, el sistema sufre de fracturas, que merecen atención.

Esas fisuras, -en forma de déficit fiscales o comerciales, por ejemplo-, son parte de los argumentos que ahora utiliza Trump, para culpar al mundo de lo que le sucede a su país.

Esas razones, lo llevan a extender el "sistema dólar", con políticas proteccionistas, pero también en el orden financiero que se explicarán en este material. De no hacerlo, Estados Unidos se enfrenta a la incipiente competencia de países como Brasil, Rusia o China, que buscan precisamente, limitar los alcances de la moneda norteamericana.

CAPITULO 1

El ascenso del dólar al poder económico

La historia del dólar estadounidense como divisa de reserva e instrumento central del comercio internacional es, en términos históricos, de cuño reciente: no ha pasado ni un siglo desde su consolidación.

Su ascenso comenzó con el Acuerdo de Bretton Woods en 1944, que estableció un sistema financiero basado en el dólar respaldado por oro. Más tarde, en 1971, el presidente Richard Nixon rompió ese vínculo al suspender la convertibilidad del dólar en oro, abriendo paso al sistema fiduciario moderno.

A partir de entonces, y especialmente durante la crisis petrolera de los años 70, el dólar afianzó su papel hegemónico al convertirse en la moneda predominante para las transacciones de energía y comercio global.

De acuerdo con Investopedia (2003), en la década de los años setenta, en pleno auge de la crisis petrolera, se consolidó el denominado "sistema petrodólar", mediante el cual los países exportadores de petróleo comenzaron a cotizar sus ventas exclusivamente en dólares estadounidenses.

La publicación, señala que este acuerdo—fortalecido por el pacto entre Estados Unidos y Arabia Saudita—garantizó una demanda constante de dólares, pues los compradores de crudo debían acumular la divisa para realizar pagos. Además, los excedentes petroleros en dólares fueron reinvertidos en activos estadounidenses, alimentando el balance de pagos de Estados Unidos y reforzando el papel del dólar como reserva e intermediario clave del comercio global.

El fenómeno de los llamados excedentes de dólares, que se generan en los países exportadores de petróleo hacia Estados Unidos, es una de las claves que abordaremos más a fondo.

La mecánica es sencilla: Estados Unidos compra petróleo, por ejemplo, a Arabia Saudita y paga en dólares. Parte de esos ingresos se destinan al funcionamiento de las empresas proveedoras de crudo.

Sin embargo, otra parte significativa de las ganancias se utiliza para adquirir bonos del Tesoro estadounidense, cerrando un ciclo financiero que fortalece la posición del dólar en los mercados globales.

Este es el modelo que se ha venido manejando desde los años setenta y que ahora, está siendo revolucionado con las políticas económicas y comerciales de la administración Trump.

La pregunta que surge es ¿Por qué cuestiona Trump ese modelo, si al parecer los hacía felices a todos?

Bueno, pues de acuerdo con el propio presidente número 47 de los Estados Unidos, no es así. El mandatario, asegura que países como China, se llevan trabajos y empresas. De hecho, las palabras utilizadas son: se roban nuestros empleos, se roban nuestro dinero.

Trump ha reiterado que su política de aranceles busca frenar lo que él considera un saqueo económico por parte de otros países: "They can't come in and steal our money and steal our jobs" (The Center Square, 2025).

Además, lo que Trump parece decir, es que otros países se llevan sus empresas, se llevan los trabajos y todavía les deben dinero con el mecanismo ya señalado de comprar bonos de deuda norteamericana con los excedentes de dólares que reciben.

Tiene lógica, por ejemplo, China, se ha beneficiado de la inversión manufacturera norteamericana, es el caso de Apple o IBM, por decir algo y además vende miles de millones de dólares a EU. Una parte de las ganancias que obtienen los chinos, las invierten en bonos de deuda del Tesoro y cobran buenos intereses cada año por ello.

Pero China por sí mismo, como país, no es el único "culpable" de lo que sucede, como se explicará a continuación.

Impulso de China, creado por EU

Entre sus variadas tesis, Donald Trump, afirma que Estados Unidos se encuentra en una situación complicada por culpa de los migrantes, pero nada más alejado de la realidad. Si bien el problema de la inmigración ilegal existe, la encrucijada económica de ese país fue creada los propios norteamericanos.

En los años ochenta, bajo el mandato de otro republicano, Ronald Reagan, se puso en marcha una política pública para que los países comunistas, como China, se ablandaran y a su vez se abrieran a la democracia. Consistía en llevarles inversiones y negocios, lo que a la postre se les vuelve en contra.

Hay que remitirnos a la tesis de Ronald Reagan sobre llevar inversiones a países comunistas para fomentar su apertura económica y política, y que era parte de una estrategia más amplia conocida como la política de "Engagement Económico".

Aunque Reagan era conocido por su postura anticomunista y su retórica dura durante la Guerra Fría, también utilizó herramientas económicas y diplomáticas para debilitar el comunismo desde adentro, fomentando cambios graduales en los sistemas comunistas mediante la integración económica con Occidente.

Esta estrategia fue aplicada en diversos grados, incluido el caso de China. La tesis de Reagan: Crecimiento económico como arma contra el comunismo.

La idea central de Reagan era que las inversiones y el comercio con países comunistas podrían crear un entorno donde los principios del libre mercado eventualmente minarían la rigidez ideológica del comunismo. Esto se basaba en varios supuestos:

Reagan creía que introducir elementos de la economía de mercado en países comunistas incentivaría reformas internas, ya que los líderes comunistas buscarían los beneficios económicos de la cooperación con Occidente.

Estas inversiones también podrían fomentar una clase empresarial emergente, que eventualmente podría exigir mayor libertad económica y, con el tiempo, mayor libertad política.

Reagan pensaba que el contacto con los valores capitalistas, como la competencia, la innovación y la libertad empresarial, socavaría los principios centralizados del comunismo y fomentaría una transición hacia sistemas más abiertos y democráticos.

Al incentivar a algunos países comunistas a participar en la economía global, Reagan buscaba dividir y debilitar la cohesión del bloque comunista, particularmente alejando a países como China de la órbita soviética.

El caso de China

La estrategia de engagement con China comenzó antes de Reagan, con la histórica apertura de relaciones diplomáticas entre Estados Unidos y China bajo Richard Nixon en 1972. Sin embargo, Reagan amplió esta política:

Durante su administración (1981-1989), promovió el comercio y las inversiones en China, con la esperanza de que una China económicamente más fuerte pero integrada en el sistema global se distanciara del comunismo soviético.

En la práctica, Reagan buscó mantener una relación pragmática con China, incentivando su apertura económica mientras utilizaba esta relación como un contrapeso estratégico frente a la Unión Soviética.

Tras la Guerra Fría, los líderes estadounidenses adoptaron la convicción de que una mayor integración económica con China promovería cambios políticos internos en ese país, alineándolo con el orden liberal internacional liderado por Estados Unidos. Sin embargo, el gobierno chino aprovechó ese entorno económico abierto sin avanzar en reformas democráticas, obteniendo ventajas significativas. Logró expandir su economía, acceder a tecnología occidental con implicaciones estratégicas y militares, y fortalecer su poder geoeconómico. Como resultado, potencias como Estados Unidos desarrollaron una fuerte dependencia de China en sectores clave como minerales críticos, productos electrónicos y farmacéuticos (Feith, 2022).

La apertura económica de China, especialmente tras las reformas de Deng Xiaoping, fue congruente con los objetivos de Reagan. La integración de China en los mercados globales ayudó a debilitar su ortodoxia comunista, al menos en el ámbito económico.

Sin embargo, la democratización política que Reagan esperaba no se materializó en China. En cambio, el gobierno chino logró mantener un sistema político autoritario mientras aprovechaba las ventajas del capitalismo global.

Este contraste entre la apertura económica y el autoritarismo político en China ha sido objeto de críticas y revisiones en las décadas posteriores, ya que algunos consideran que la política de engagement no tuvo éxito en promover cambios democráticos.

La tesis de Ronald Reagan de usar las inversiones como una herramienta para combatir el comunismo reflejaba su enfoque multifacético en la Guerra Fría: combinar presión militar y retórica anticomunista con incentivos económicos para fomentar cambios internos en los países comunistas.

Si bien la estrategia tuvo cierto éxito al debilitar al bloque comunista y fomentar la apertura económica en China, los resultados políticos fueron más mixtos, especialmente en casos donde el autoritarismo logró adaptarse al capitalismo.

Las primeras inversiones norteamericanas en China comenzaron a fluir a partir de finales de la década de 1970 y principios de los 1980, tras el inicio de las reformas económicas lideradas por Deng Xiaoping y la mejora de las relaciones diplomáticas entre China y Estados Unidos.

A raíz de ello, China se convirtió en una potencia económica, que ahora le compite de frente a Estados Unidos. ¿Debemos considerar a ese país como malagradecido?

Lo cierto es que la relación entre países no se rige por valores emocionales como la gratitud, sino por intereses estratégicos.

Más que un acto de "ingratitud", la trayectoria de China refleja una estrategia calculada para maximizar sus propios intereses nacionales.

Es importante destacar, que este cambio ha generado tensiones significativas con Estados Unidos, dejando una lección ambivalente sobre la efectividad del "engagement" como herramienta para moldear el comportamiento de otras naciones.

Para Estados Unidos, esto subraya la importancia de revisar sus enfoques estratégicos frente a rivales emergentes.

A medida que China creció y se fortaleció económicamente, comenzó a adoptar una postura más asertiva en la política internacional.

En lugar de alinearse con los principios democráticos y de libre mercado que Washington esperaba que abrazara, Beijing mantuvo su sistema político autoritario y un modelo económico híbrido que desafía las reglas tradicionales del comercio internacional.

Estados Unidos es constantemente desafiado por China, con productos más baratos, subsidiados quizá, pero que ponen en jaque su poder económico y a su industria manufacturera. Pero como ya se explicó, fueron los propios norteamericanos quienes en parte les financiaron y mostraron el camino.

Stephen Miran y los aranceles

La aplicación de aranceles para intentar rescatar tanto la economía norteamericana, como su industria manufacturera, tiene un autor bien definido: Stephen Miran.

De acuerdo con el portal de la Casa Blanca, "el Honorable Stephen Miran preside el Consejo de Asesores Económicos, -CEA por sus siglas en inglés-, de la segunda administración del presidente Donald Trump. El 22 de diciembre de 2024, el presidente Trump anunció su intención de nominar a Miran como el 32.º presidente del CEA, y fue confirmado por el Senado el 12 de marzo de 2025".

Anteriormente, fue estratega sénior en Hudson Bay Capital Management e investigador sénior del Manhattan Institute for Policy Research. Tiene un doctorado en economía por la Universidad de Harvard y licenciatura, también en economía por la Universidad de Boston.

Durante el primer mandato del presidente Trump, Miran fue asesor sénior de política económica en el Departamento del Tesoro de Estados Unidos (2020-2021), donde colaboró con el apoyo fiscal a la economía durante la recesión pandémica, incluyendo el Programa de Protección de Nóminas y otros programas de apoyo económico, según se publica en whitehouse.gov

Stephen Miran, quien, como se explicó, es ahora asesor de Donald Trump, tiene una tesis bastante controversial sobre los aranceles, aunque sus conocimientos, en economía, filosofía y matemáticas, lo llevaron a hablarle al oído al presidente y se convirtieron en política económica.

Para Miran, que el dólar sea la moneda de reserva mundial tiene ventajas y desventajas para la economía estadounidense, como menores costos de endeudamiento, sobrevaluación de la moneda y extraterritorialidad financiera.

Estos factores afectan la competitividad de las exportaciones estadounidenses y el panorama económico general. Un dólar caro, no permite a los exportadores, vender al nivel que desearían, por lo mismo.

El dólar, estaba sobrevaluado, por lo que, desde el día uno de su gobierno, Trump se ha dedicado a torpedearlo, con la intención no declarada de que baje de valor.

Miran, cree que antes de este segundo mandato de Trump, el dólar estaba entre un 20 y un 25 por ciento por encima de su valor real.

Entre la toma de protesta en enero y la segunda semana de junio de 2025, el dólar bajó unos 11 puntos. Por lo que considerando la tesis de Miran, todavía falta empujar su caída en alrededor de 9 y 14 puntos a la moneda norteamericana.

Luego entonces quiere decir que el peso, el yen o el euro, seguirían reaccionando con fortaleza, frente a las decisiones que empujan hacia abajo al dólar. Para el peso mexicano, significaría que potencialmente pudiera bajar hasta los 18 pesos o menos, si las variables macroeconómicas permanecen sin cambios bruscos en los meses subsecuentes. Pero en economía no hay bolas de cristal y cualquier factor del tablero mundial, puede modificar todo…en minutos.

Una apreciación del peso parecería convenir a México, pero la verdad es que, en este escenario, no necesariamente es así.

Si una empresa exportadora vende 100 dólares en mercancía y los trae de regreso a México, suponiendo que coticen a 18 pesos, pues eso quiere decir que el ingreso total son mil 800 pesos.

Si el tipo de cambio cotizara en 22 pesos, los ingresos serían de 2 mil 200 pesos.

Ese ingreso adicional, provocado por la cotización peso-dólar, muy bien podría servir para financiar los aranceles, por lo que no causaría una afectación profunda. Pero no es así.

Según Miran, la sobrevaluación del dólar provoca la pérdida de empleos en el sector manufacturero, especialmente durante las recesiones económicas.

Estados Unidos ha registrado un déficit por cuenta corriente desde 1982, lo que indica la incapacidad del dólar para equilibrar el comercio, de acuerdo con lo publicado en su artículo "A User's Guide to Restructuring the Global Trading System".

"Estados Unidos puede adoptar enfoques tanto unilaterales como multilaterales para reestructurar el sistema comercial global, centrándose en aranceles y políticas monetarias. Estas estrategias buscan mejorar la competitividad del sector manufacturero estadounidense, a la vez que abordan los desafíos que plantea la condición de reserva del dólar", afirma el autor.

De acuerdo con lo anterior, los aranceles y la debilidad del dólar, son la fórmula que sacará a Estados Unidos del agujero en que, según él, se encuentra.

Plantea una combinación de ambos, aunque en su escrito de 41 páginas, no descarta la existencia de riesgos en la implementación de su estrategia.

Las soluciones unilaterales pueden generar volatilidad en el mercado, mientras que las soluciones multilaterales requieren la cooperación de los socios comerciales. Los aranceles y los ajustes cambiarios buscan mejorar la competitividad de la industria manufacturera estadounidense, precisa el documento.

Las consideraciones de seguridad nacional influirán cada vez más en la política comercial, con especial atención a industrias críticas como la de semiconductores y la farmacéutica, agrega Stephen Miran.

Puntualiza en su artículo, que es probable que la Administración Trump busque acuerdos de reparto de cargas con sus socios comerciales para recuperar los beneficios de la reserva del dólar.

En otras palabras, se entiende como "si todos nos beneficiamos del sistema dólar, todos debemos cooperar para sostenerlo". De ahí, en parte, el establecimiento de aranceles.

En otra parte del documento, se afirma que "Un arancel del 10% con una depreciación monetaria del 10% resulta en cambios de precios insignificantes para los importadores estadounidenses. Si la moneda no se ajusta, los consumidores estadounidenses se enfrentan a precios más altos, lo que puede llevar a una reconfiguración de las cadenas de suministro".

Esto significa que la depreciación forzada del dólar sirve teóricamente para financiar los aranceles o para que su efecto se nulifique al máximo y no afecte a los consumidores.

Estados Unidos, está actuando para defender su moneda, que sirve de reserva, así como activo de refugio y, además, para la compraventa de bienes en el comercio mundial. Si no lo hace, sus enemigos del BRICS lo van a atacar hasta que logren hundirlo.

El dólar barato, servirá para hacerse de ingresos adicionales y disminuir el déficit comercial que Estados Unidos tiene con el mundo, y de paso, darle sostenibilidad a su abultada deuda soberana.

El plan está en marcha, así que debemos acostumbrarnos y prepararnos en consecuencia, porque si no entendemos esto, vamos a sufrir innecesariamente con la incertidumbre; pero conociendo el trasfondo, estamos más preparados ante la situación.

El índice del dólar cayó de 110 a 96 puntos entre enero y el 1 de julio de 2025, reflejando el impacto de las políticas económicas impulsadas por Donald Trump, como se muestra en la figura 1.

Dollar Index

110
108
106
104
102
100
98
96

Mar   Apr   May   Jun   Jul

source: tradingeconomics.com

Figura 1.- Fuente: Trading Economics (2025). United States
Dollar Index (DXY). Recuperado de
https://tradingeconomics.com/united-states/currency

Esto demuestra, que, aunque no se reconozca oficialmente
que existe una estrategia para debilitar al dólar, en los hechos
esta situación es visible.

Capítulo II

El Acuerdo de Plaza de 1985

Como se comentó al principio, El Acuerdo de Plaza o Plaza Accord, tuvo como objetivo, depreciar el dólar de manera ordenada; como su nombre lo indica, se realizó con el beneplácito de 5 de las naciones más ricas del mundo.

Cabe resaltar que eso se hizo bajo condiciones económicas, políticas y sociales, muy distintas a lo que sucede en 2025. Por ejemplo, existe hoy en grupo de países que operan abiertamente, no una depreciación, sino la eliminación de la hegemonía del dólar como moneda de intercambio global.

Cuando se creó el Acuerdo de Plaza, Estados Unidos, era prácticamente la nación más fuerte del planeta en términos económicos, políticos y militares; Japón, venía en ascenso, China apenas empezaba a modificar su modelo productivo y Rusia, estaba devastada en todos los sentidos.

Hoy, todo eso ha cambiado y provoca, que el mundo tenga no una, sino varias potencias disputando territorios, materias primas e influencia en el resto del planeta.

En otros capítulos se explicará más ampliamente el efecto de las condiciones actuales en los conflictos y como Estados Unidos con Donald Trump a la cabeza, intenta reencauzarlos.

Francia, Japón, Alemania, Reino Unido y Estados Unidos, prácticamente redefinieron el rumbo de la economía norteamericana al intervenir en el mercado cambiario con sus bancos centrales.

En OroyFinanzas (2015), explican que, a mediados de los años 80, el círculo vicioso formado por el alza del dólar y el progresivo déficit de cuenta corriente se convirtió en el principal problema político y económico que afrontó los Estados Unidos. A finales de 1984, la disminución de las exportaciones y el aumento de las importaciones convirtieron a los Estados Unidos en un país deudor por primera vez desde el final de la Primera Guerra Mundial.

Esta condición deficitaria, era muy similar al mismo problema al que se enfrenta ahora Estados Unidos, -las exportaciones superadas por las importaciones-, lo que ocasionaba una salida constante de dólares para financiar dicho déficit.

Según la publicación, entre 1980 y 1985, el dólar americano se apreció un 50 por ciento, lo que dificultaba la competitividad a los exportadores norteamericanos. Lo que llevó a diversas industrias a pedir aranceles y protegerse de la llegada de productos extranjeros.

En realidad, la situación de los Estados Unidos era bastante complicada.

Por un lado, había bastante inflación, por lo que el Banco de la Reserva Federal, se vio obligado a aumentar las tasas de interés para controlarla

Esto provocó a su vez, que el dólar se apreciará demasiado. Lo anterior, debido a que una tasa de interés alta hace atractiva la compra de bonos de deuda y esto a su vez, fortalece la divisa, situación que se repite una y otra vez alrededor del mundo.

Así que el país, se vio en una auténtica encrucijada que debía de resolver.

La solución, vino del gobierno de Ronald Reagan, quien lanzó el Acuerdo de Plaza, aumentó el gasto militar, redujo impuestos y regulaciones innecesarias a las empresas; aunque como se explicó, el resultado fue una apreciación del dólar.

Es importante recalcar, que las actuales decisiones de Donald Trump se basan en la necesidad de resolver problemas similares, aunque el contexto internacional es sumamente distinto.

Volviendo al Acuerdo Plaza, se debe puntualizar que uno de los principales destinatarios, era Japón, con quien EU mantenía constantes déficits comerciales y el yen estaba demasiado apreciado frente al dólar.

Investopedia (2009), indica que los negociadores norteamericanos presionaron para que el yen se apreciara, lo cual finalmente ocurrió tras el Acuerdo Plaza (pasó de 240 por dólar a menos de 120 en pocos años).

Cuando se dice que el yen pasó de 240 a 120 por dólar, en realidad estamos afirmando que la cotización de USD/JPY cayó, lo cual indica que el yen se apreció frente al dólar. Que es lo que deseaba el gobierno de EU, un dólar devaluado frente a la divisa nipona.

En otras palabras, antes se necesitaban 240 yenes para 1 dólar, pero después solo se necesitan 120 yenes. Esto significa que el valor del yen se fortaleció, pues su poder de compra aumentó.

Con el dólar devaluado, las exportaciones norteamericanas se volvían más competitivas, aunque a Japón, le dejaría profundas heridas económicas que lo llevaron a la llamada "Década Perdida" en 1990.

De acuerdo con Oroyfinanzas (2015) Los efectos recesivos de un yen fuerte dependiente de las exportaciones llevó a las políticas monetarias expansivas que concluyeron en la burbuja de activos japonesa de finales de los ochenta. El Louvre Accord que se firmó en 1987 frenó la bajada del dólar americano.

Condiciones Políticas Distintas

Entre los años ochenta y noventa, periodo en que se llevaron los acuerdos citados y las medidas urgentes del gobierno norteamericano para salir de la recesión, el mundo se preparaba para cambios profundos.

La Unión de Repúblicas Socialistas Soviéticas, anunciaría su disolución en 1991.

Como se publica en HistoriaNationalGeographic (2023), Después de un fallido intento de golpe de Estado ocurrido en agosto, el 25 de diciembre de 1991, Mijaíl Gorbachov anunció su dimisión como presidente de la URSS y todas las instituciones soviéticas dejaron de funcionar a finales de ese año.

Agrega, que la entrada al poder de Gorbachov en 1985, quien realizó sendas reformas de modernización económica y política, aceleraron la caída de la ahora ex   URSS.

Todo ello luego de la salida de las tropas soviéticas de Afganistán y la caída del Muro de Berlín en 1989.

Ronald Reagan, ferviente anticomunista, junto con Margaret Thatcher, primera ministra de Reino Unido, celebraban esa caída, ya que con ello se reconfiguraba el balance político en el mundo…a su favor.

Capítulo III

Trump, los anti-ambientalistas y el Katechon

El presidente Donald Trump ha manifestado su desacuerdo con el ambientalismo y los grupos que lo impulsan y al igual que en materia económica, tiene alrededor, a personajes que son férreos detractores del cambio climático.

En este capítulo, no se pretende definir una posición a favor o en contra del tema del cambio climático, sino exponer las ideas y personajes que influyen en el ánimo del mandatario norteamericano.

En ese tenor, se encuentra el empresario libertario Peter Thiel, cofundador de Pay Pal y Palantir, quien además es considerado un "tekky" de corazón; definición ésta, para alguien con alta habilidad técnica y pasión por la tecnología, especialmente en ámbitos como la informática, de acuerdo con Vocabulary.com.

En varias ocasiones, Thiel ha argumentado que:

"Creo que vivimos en un mundo donde la innovación en las cosas estaba prohibida. Básicamente, estuvo prohibida en los últimos 40 años; en parte por el ambientalismo, en parte por aversión al riesgo", según BrainyQuote.

En un artículo publicado por el periodista David Corn, quien escribe en el portal MotherJones, afirma que Thiel es, "como probablemente sepan, una superestrella multimillonaria de Silicon Valley que cofundó PayPal y Palantir Technologies, una controvertida empresa de software especializada en análisis de big data y cuyos ingresos provienen en gran medida de contratos gubernamentales. Es un firme partidario de Trump".

Peter Thiel, como se ve, ha apoyado las campañas de Donald Trump, no solo con dinero, -de hecho, millones de dólares-, sino que se dedica a brindar conferencias y sus creencias filosóficas y políticas para todo tipo de audiencias.

Según Corn, financió una revista que ha publicado artículos que desestiman el cambio climático y la evolución, y a finales de 2016, tras haber donado al menos 1.25 millones de dólares para apoyar a Trump, les recomendó a dos negacionistas del cambio climático para que los contratara como asesores científicos.

Aunque no lo define tal cual, Thiel da a entender que el ambientalismo es la religión más poderosa del mundo occidental.

En sus exposiciones, Thiel, deja entrever que el ambientalismo ha reemplazado al cristianismo como la fe dominante y es hostil al progreso humano, al crecimiento económico y a la tecnología.

Es importante ver todo el bagaje cultural y narrativo de Peter Thiel, toda vez que además de ser un empresario muy exitoso, es parte del movimiento ideológico y financiero detrás de Donald Trump y, por lo tanto, de sus políticas públicas.

Por ejemplo, la Orden Ejecutiva del 20 de enero de 2025, donde se estipula la orden para que el embajador de los Estados Unidos ante las Naciones Unidas, cese o revoque inmediatamente cualquier supuesto compromiso financiero asumido por los Estados Unidos en virtud de la Convención Marco de las Naciones Unidas sobre el Cambio Climático, así como la salida del Acuerdo de París.

La orden justifica que, en los últimos años, Estados Unidos ha pretendido unirse a acuerdos e iniciativas internacionales "que no reflejan los valores de nuestro país ni nuestras contribuciones a la búsqueda de objetivos económicos y ambientales".

Además, estos acuerdos dirigen los dólares de los contribuyentes estadounidenses hacia países que no necesitan, ni merecen, asistencia financiera en función de los intereses del pueblo estadounidense, sentencia la orden ejecutiva.

El Katechon

La figura de Peter Thiel es clave para entender en parte, el apoyo que recibe Trump y su movimiento MAGA. El empresario, aporta filosofía y los valores que él considera oportunos para hacer de Estados Unidos, lo que el país que solía ser.

No es casualidad que el eslogan del grupo político de Donald Trump sea "Make America Great Again", que en español se traduce como "Hacer a Estados Unidos Grande Otra Vez". Esta frase refleja la intención de restaurar la grandeza del país según su visión política.

Sus esfuerzos, van más allá de millones de dólares para las campañas. En múltiples ocasiones, ha manifestado su creencia de que algunos seres, tienen el propósito en la tierra, de frenar el advenimiento del anticristo y de un potencial Armagedón.

Lo refiere como alguien que frena la decadencia de la humanidad y por lo tanto su destrucción.

Thiel, se refiere al salvador de la humanidad, como el katechon.

El término katechón, proveniente del griego y mencionado en la Segunda Carta a los Tesalonicenses (2:6-7), designa "aquello que retiene" o "el que impide" la plena manifestación del mal antes del fin de los tiempos.

Esta figura ha sido reinterpretada por pensadores contemporáneos como Massimo Cacciari, quien propone una lectura político-teológica en la que el katechón representa una fuerza histórica o institucional que ralentiza el colapso del orden y exige "más tiempo" antes del desenlace escatológico.

Desde esta perspectiva, planteada por Cacciari, algunos sectores actuales atribuyen ese papel a ciertos líderes políticos, percibiéndolos como contenedores del caos, guardianes del orden o protectores de valores fundamentales, cuya retirada implicaría la aceleración de una crisis global o espiritual.

En ese papel, estaría según esta visión, el presidente 47 de los Estados Unidos.

Según Thiel, el "katechon" —el que retiene la llegada del Anticristo y un Estado mundial totalitario— es una fuerza necesaria que ha operado históricamente a través de instituciones como el Imperio Romano, el anticomunismo del siglo XX y el propio rol de Estados Unidos como contención global

Peter Thiel, quien ha recuperado el antiguo concepto cristiano del katechon —aquello que "detiene" el avance del mal o impide la manifestación del Anticristo— para justificar la necesidad de estructuras de contención en el orden global. En entrevistas y ponencias, Thiel ha sugerido que el Imperio Romano, la Iglesia Católica e incluso el anticomunismo estadounidense del siglo XX actuaron como "katechontic powers", capaces de frenar la irrupción de un gobierno mundial totalitario.

En esa lógica, el katechon no es solo una figura espiritual, sino una fuerza política concreta que resiste la disolución del orden. Thiel insinúa que, en el presente, Estados Unidos podría (o debería) ocupar ese rol frente al avance del globalismo, el tecnoliberalismo sin alma y la decadencia cultural.

Esta interpretación ha influido en sectores de la derecha cristiana que proyectan sobre figuras como Donald Trump una dimensión escatológica, identificándolo como un "freno" al caos y a la destrucción moral de Occidente (Diehl, 2025; Thiel, 2024).

Lo extraño, es que Thiel fue fundador financiero de Facebook y es impulsor de la Inteligencia Artificial, así como de Palantir, una empresa de vigilancia gubernamental de alta tecnología. Así que temer al tecnoliberalismo, parece contradictorio.

Taubeneck (2025) menciona que ciertos grupos evangélicos perciben a Trump como una figura del katechon; una fuerza divina que frena el pecado en Norteamérica.

Peter Thiel, cree firmemente, que la civilización actual, se encamina potencialmente a un Armagedón, a un caos que terminará por aniquilar a la sociedad misma.

Estipula, que la humanidad, será presa del miedo por los avances tecnológicos, como la Inteligencia Artificial y el daño que le pueden proferir a la humanidad.

De ese miedo, se alimentará al anticristo, que les ofrecerá paz y seguridad, erigiéndose en un gobierno totalitario y globalista.

Debido a ello, es necesaria la figura de un katechon y Estados Unidos como nación, con Donald Trump a la cabeza, son el freno a la inmoralidad y desorden mundial.

"Estamos en una carrera mortal entre la política y la tecnología. El destino de nuestro mundo puede depender de los esfuerzos de una sola persona que construya la maquinaria que haga el mundo más seguro para el capitalismo", publica elconfidencial (2025).

Peter Thiel, es todo un personaje, se puede o no, estar de acuerdo con él, pero su forma de pensar y sus mensajes, llegan con mucha fuerza a la base de votantes y apoyadores de Donald Trump; sucede igual con la instauración de diversas políticas públicas.

En el tema del medio ambiente, cree que se ha exagerado su riesgo y los grupos que alimentan el discurso público con el llamado cambio climático, son un factor que frena el avance humano.

Pero sin duda, uno de sus temas más polémicos, es lo concerniente al Armagedón y a la figura del Anticristo, que según explica en foros, ponencias y entrevistas, el enemigo de Dios buscará generar un lenguaje para mostrarse como la solución a los males de la humanidad, como el exceso de tecnología.

En ese sentido, se debe impulsar la figura del "katechon", para frenar o retardar el triunfo del Anticristo.

En entrevista con Hoover Institution, Thiel (2024) destaca "Pero siempre volvería al espectro apocalíptico, como el Anticristo o Armagedón. Y creo que hay mucho en esta tecnología desbocada que nos empuja hacia algo parecido al Armagedón. Y luego está la resistencia natural: evitaremos el Armagedón con un estado mundial con fuerza real, con poder real.

Y el término bíblico para eso es el Anticristo. Y mi intuición cristiana es que no quiero al Anticristo ni el Armagedón. Me gustaría encontrar un camino estrecho entre ambos para evitarlos. Y, sin duda, hay maneras de posponerlo, si es posible, intentando hacer cosas nuevas, según se publica.

Finalmente, pero no menos importante, la visión que Peter Thiel tiene del libre comercio y del globalismo. Ambos temas muy activos en la agenda de Donald Trump con la imposición de aranceles.

Trump, en su segundo mandato, actúa exactamente con los criterios que Thiel ha definido en torno a la negociación de comercio o tratados con el resto del mundo: poniendo todo en duda y negociando todo a favor.

En la segunda parte de la entrevista en Hoover Institution, Thiel (2024), habla sobre el tema de la globalización y el libre comercio, y en ese contexto señala que se asume que ambos teman parten de la premisa de que las cosas se arreglarán solas y todo sale bien en automático:

"Todo saldrá bien. Y, como mínimo, hay que pensar siempre: hay tantas formas malas de globalización; nuestra única posibilidad de alcanzar una buena es darnos cuenta de lo difícil que es. Quizás deberíamos tener tratados comerciales, deberíamos negociarlos.

Siempre deberían ser negociados por personas que no creen en el libre comercio".

Y así:

Si tienes a alguien que cree en el libre comercio, pensará que no hay que prestar atención a los detalles, que todo saldrá bien. Así que sí, creo que hay una forma de negociar estos tratados, pero siempre querrás tener a alguien de tu lado que no crea en ellos y que insista en todo tipo de condiciones, remata Thiel en su entrevista.

Donald Trump, tomó protesta el 20 de enero de 2025, para el 2 de abril de ese mismo año, ya estaba anunciando aranceles para países socios y no socios.

Lo llamó "Día de la Liberalización", generando así, una marca distintiva en su segundo mandato, que trajo consigo incertidumbre y volatilidad en los mercados financieros, de divisas, criptomonedas, accionarios y materias primas en todo el mundo.

Figura 2.- Fuente: The Conversation, 4 de abril de 2025, captura tomada 7 julio 2025

Capítulo 4

Regar de dólares el mundo

En este capítulo, se explica la forma en que funciona el corazón del sistema del dólar; la manera en que impacta el comercio, la liquidez o disponibilidad en momentos determinados y el cuestionamiento que hace el gobierno de Trump al mismo.

Primero, hay que explicar el impacto de los déficits comercial y fiscal en la economía de EU y posteriormente los cambios que propone Trump. En esencia, ambos están relacionados, pero comparten un problema muy profundo que se explicará de manera amplia.

Estados Unidos enfrenta actualmente un déficit gemelo, lo que significa que registra un déficit tanto en su balanza comercial como en sus finanzas públicas. En otras palabras, el país importa más de lo que exporta y gasta más de lo que recauda mediante impuestos. Esta situación genera un saldo negativo tanto en el comercio exterior como en el ámbito fiscal, razón por la cual se les denomina "déficits gemelos", al referirse a dos de las variables macroeconómicas más relevantes.

Déficit Comercial

Según la Oficina de Análisis Económico de Estados Unidos (BEA, por sus siglas en inglés). En un comunicado de prensa emitido el 3 de julio de 2025, el déficit comercial en mayo de 2025 fue de la siguiente manera:

Las exportaciones de mayo fueron de 279 mil millones de dólares, 11 mil 600 millones menos que las de abril. Las importaciones de mayo fueron de 350 mil 500 millones de dólares, 300 millones menos que las de abril.

El aumento del déficit de bienes y servicios en mayo se debió a un incremento de 11 mil 200 millones de dólares en el déficit de bienes, que alcanzó los 97 mil 500 millones de dólares, así como a una disminución de 100 millones en el superávit de servicios, que se ubicó en 26 mil millones de dólares.

Por otra parte, en los primeros cinco meses del 2025, el déficit de bienes y servicios aumentó en 175 mil millones de dólares, o un 50.4 por ciento más, con respecto al mismo período de 2024. Las exportaciones aumentaron en 73 mil 600 millones, o un 5.5 por ciento, y las importaciones en 248 mil 700 millones, o un 14.8 por ciento, señala el comunicado.

A pesar del discurso de la administración Trump sobre la necesidad de corregir los desequilibrios externos, los datos mostrados para ese periodo no evidenciaban una reducción sostenida del déficit comercial.

En mayo de 2025, el déficit de bienes y servicios alcanzó los 71 mil 500 millones de dólares, un incremento de 11 mil 300 millones respecto a abril. Esta alza se explicaba tanto por un mayor déficit en bienes como por una ligera disminución en el superávit de servicios, según confirmaba la BEA.

Además, en el acumulado del año, el déficit había aumentado en 175 mil millones de dólares, lo que representa un crecimiento del 50.4 % respecto al mismo periodo de 2024. Esto mostraba que, lejos de reducirse, el desequilibrio externo de Estados Unidos se estaba profundizado.

Por tanto, aunque el gobierno argumente que tiene un plan para reducir el déficit, los datos de los primeros meses del 2025 no reflejaban avances concretos en esa dirección.

US Balance of Trade - USD Billion

Jul	Sep	Nov	2025	Mar	May

Figura 3.- Según datos consultados en Trading Economics (2025), el déficit comercial de Estados Unidos mostró una tendencia creciente en mayo.

Déficit Fiscal

Ahora bien, tocante al déficit fiscal, alcanzó un equivalente del *6.4 por ciento del Producto Interno Bruto en 2024, según la Oficina de Presupuesto del Congreso, - (Congressional Budget Office por sus siglas en inglés, 2024).

El déficit federal de Estados Unidos ascendió a 1.6 billones de dólares en el año fiscal 2024, crece a 1.8 billones en 2025 y luego vuelve a 1.6 billones en 2027. A partir de ese año, los déficits aumentan de forma sostenida hasta alcanzar los 2.6 billones de dólares en 2034, según proyecciones de la Oficina de Presupuesto del Congreso (CBO).

Medido como porcentaje del Producto Interno Bruto (PIB), el déficit equivale al 5.6 % en 2024, sube al 6.1 % en 2025 y desciende temporalmente al 5.2 % en 2027 y 2028. Sin embargo, a partir de 2029, la tendencia vuelve a ser ascendente, alcanzando nuevamente el 6.1 % del PIB en 2034.

Desde la Gran Depresión, déficits de esta magnitud —superiores al 6 % del PIB— solo se han registrado durante eventos extraordinarios como la Segunda Guerra Mundial, la crisis financiera de 2007–2009 y la pandemia del COVID-19. La persistencia de niveles tan elevados en tiempos de paz plantea un desafío estructural para la sostenibilidad fiscal del país, indica la citada oficina.

La estimación del déficit como porcentaje del PIB puede variar dependiendo del marco temporal utilizado. La Oficina de Presupuesto del Congreso (CBO) calcula que el déficit federal en el año fiscal 2024 (octubre 2023–septiembre 2024) equivale al 5.6 % del PIB. Otras fuentes, que usan el año calendario 2024 (enero–diciembre), estiman el déficit en torno al 6.4 % del PIB.

Total Deficit, Net Interest Outlays, and Primary Deficit

Percentage of GDP

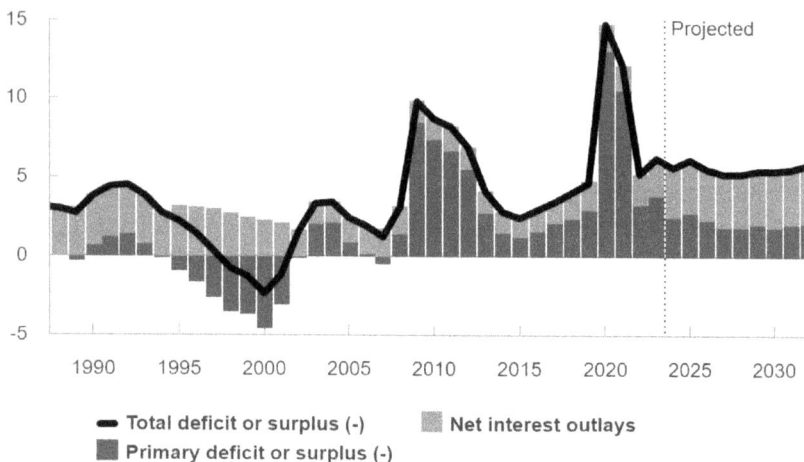

- ● Total deficit or surplus (-)
- ▨ Net interest outlays
- ■ Primary deficit or surplus (-)

Figura 4.- Fuente: Congressional Budget Office, recuperada 7 de julio de 2025

Con los datos anteriores, queda clara la magnitud de los déficits. Ahora veamos lo más importante, ¿Cómo se relacionan ambos?, ¿Qué relación tiene esto con las políticas impulsada por Donald Trump?

Hay que recordar, como se vio en el primer capítulo, que el dólar es la moneda de intercambio global comercial.

Estados Unidos, como lo demuestran sus cifras oficiales, es un gran comprador de bienes alrededor del mundo; cada vez que China le vende algo, este país obtiene dólares, que luego utiliza para invertir en la compra de bonos de deuda norteamericana.

Es decir, Estados Unidos emite los dólares, los permea o distribuye por el mundo cada vez que compra y se va generando una dinámica en la que, dicha divisa se va fortaleciendo por la demanda implícita de la propia moneda.

Ese fortalecimiento del dólar, por cierto, es dañino para Estados Unidos, como ya se planteó en el capítulo 1 y acorde a las tesis de quien dirige la Casa Blanca.

En síntesis, Estados Unidos suministra dólares al mundo, para que las transacciones puedan realizarse, pero esto tiene efectos para la propia economía norteamericana.

Sin embargo, existen otros mecanismos para inyectar dólares norteamericanos a las economías del resto del mundo, como, por ejemplo, apertura de depósitos en dólares en Hong Kong o Europa, Líneas de Crédito Swap, Inversión Extranjera Directa, además de la compraventa de petróleo que se hace en dicha moneda.

También se compran activos en el exterior de los Estados Unidos y eso requiere de dólares, remesas a países emergentes como México, e inclusive mediante préstamos del Fondo Monetario Internacional.

Es decir, son múltiples las formas en que Estados Unidos disemina su moneda alrededor del mundo, con o sin intervención del Banco de la Reserva Federal.

Las ocasiones en que la Reserva Federal inyecta dólares en una economía distinta a la de EU, están perfectamente definidas, como en el siguiente caso:

En ese sentido, las líneas swap están diseñadas para mejorar las condiciones de liquidez en los mercados de financiamiento en dólares, tanto en Estados Unidos como en el extranjero, (Board of Governors of the Federal Reserve System [Federal Reserve o Fed], s.f.) al proporcionar a los bancos centrales extranjeros la capacidad de entregar financiamiento en dólares estadounidenses a instituciones dentro de sus jurisdicciones durante periodos de tensión en los mercados.

La publicación de la Fed, agrega que las líneas swap le otorgan a la Reserva Federal la capacidad de ofrecer liquidez en monedas extranjeras a instituciones financieras de Estados Unidos, en caso de que la Reserva Federal considere apropiadas dichas acciones.

Puntualiza que estos acuerdos han ayudado a aliviar las tensiones en los mercados financieros y a mitigar sus efectos sobre las condiciones económicas. Las líneas swap respaldan la estabilidad financiera y funcionan como un respaldo prudente de liquidez.

Sin embargo, para Estados Unidos, brindar este paraguas financiero al mundo, le representan grandes costos, según opinan algunos de los expertos asesores del presidente número 47. Es decir, el mundo debe pagar junto con EU, ese costo.

Stepen Miran, el jefe de asesores económicos de Trump, lo tiene muy claro y como se mencionó anteriormente, lo publicó en su famoso artículo, "A users guide to reestructuring the global trade system" o "Guía práctica para reestructurar el sistema de comercio global" en español, ya citado anteriormente.

En un artículo publicado por el economista Sundaram J.K. (2025), define que la Casa Blanca está amenazando a otros países con aranceles elevados a menos que hagan concesiones, a su propia costa, beneficiando así a Estados Unidos. La defensa que hace Stephen Miran de los aranceles es indirecta; He aquí que son parte de una gran estrategia ostensible.

Agrega, que el presidente ha dejado claro que Estados Unidos está comprometido a seguir siendo el proveedor de moneda de reserva, refiriendo a Stephen Miran. Afirma que la hegemonía del dólar estadounidense es "excelente" para todos; Además, niega que "el predominio del dólar sea un problema". Si bien esto "tiene algunos efectos secundarios que podrían ser problemáticos", a Stephen Miran "le gustaría… mitigar esos efectos para que el dominio del dólar pueda continuar durante décadas, para siempre", según Sundaram.

Entonces, parte de la propuesta es la imposición de aranceles para generar ingresos adicionales, y, además, esos impuestos, permitirían a Estados Unidos, compensar una parte de su déficit comercial, que como se mencionó, se atribuye hasta cierto punto a ésta necesidad de irrigar de dólares al mundo, ya que son la moneda de reserva e intercambio global.

Leyendo entre líneas, podemos ahora entender, el lema del "Liberation Day" que lanzó Trump el día 2 de abril de 2025, cuando se anunciaron aranceles para países amigos y no tan amigos.

Para Trump, Estados Unidos se está liberando de la carga de tener que generar la lluvia de dólares al mundo, que financia el comercio mundial y sirve de reserva. Tesis, por cierto, muy rebatible.

La Paradoja de Triffin

Este problema de los altos déficits comerciales, provocados por la necesidad de irrigar dólares, no es nuevo. Se ha abordado desde distintas instancias a lo largo de los años.

Por ejemplo, la llamada Paradoja de Triffin, llamada así por el apellido de un respetado economista de los años sesenta, que ya planteaba el tema.

Al testificar ante el Congreso de Estados Unidos en 1960, el economista Robert Triffin expuso un problema fundamental en el sistema monetario internacional, como se publica en International Monetary Fund o IMF (s.f).

Si Estados Unidos dejara de acumular déficits en su balanza de pagos, la comunidad internacional perdería su principal fuente de reservas. La consiguiente escasez de liquidez podría arrastrar a la economía mundial a una espiral contractiva, generando inestabilidad.

Por otra parte:

Si los déficits estadounidenses persistieran, un flujo constante de dólares seguiría impulsando el crecimiento económico mundial. Sin embargo, un déficit excesivo en Estados Unidos (exceso de dólares) erosionaría la confianza en el valor del dólar estadounidense. Sin confianza en el dólar, dejaría de ser aceptado como moneda de reserva mundial. El sistema de tipo de cambio fijo podría colapsar, generando inestabilidad, de acuerdo con el IMF (s.f)

Por ello es una paradoja, por la contradicción aparente que generan, lo que llevaría a pensar en que el sistema de reserva de dólar adolece de sustentabilidad.

No hay que olvidar que Keynes, J. M. (1942), ya había propuesto una moneda de intercambio y reserva global, denominada Bancor, precisamente para evitar lo que estamos analizando, y como lo preveía Triffin.

Sin embargo, Keynes, no prosperó con su propuesta y en cambio, se impuso la hegemonía norteamericana durante las pláticas de Bretton Woods en 1944.

John Maynard Keynes, uno de los economistas más influyentes del siglo XX, abogó durante la conferencia de Bretton Woods por la creación de una institución multilateral fuerte, capaz de intervenir ante desequilibrios globales. Su propuesta preveía una Unión Internacional de Compensación, una suerte de banco central global que emitiría una nueva moneda supranacional: el bancor (Ghizoni, s. f.).

Cada país miembro recibiría una línea de crédito limitada para evitar déficits persistentes, pero también se desincentivarían los superávits extremos, obligando a los países excedentarios a reinyectar sus bancores al sistema. Keynes aspiraba a dotar a esta Unión con recursos por 26 mil millones de dólares —una suma enorme para su época—, lo que refleja la escala de su ambición institucional, según detalla el documento de Ghizoni.

En contraste, el plan de Harry Dexter White, delegado de Estados Unidos, proponía una institución mucho más limitada: un Fondo de Estabilización, financiado con 5 mil millones en monedas nacionales y oro, sin crear una nueva divisa internacional. El diseño final del Fondo Monetario Internacional reflejó esta visión más conservadora, que aseguraba que el sistema monetario global siguiera orbitando en torno a la moneda del principal acreedor mundial: el dólar estadounidense (Ghizoni, s. f.).

Capítulo 5

El efecto búmeran del dólar

-Cómo la expansión global de la moneda estadounidense regresa como deuda, riesgo e inestabilidad

El hecho de que el dólar estadounidense sea la moneda de intercambio global tiene consecuencias estructurales: entre ellas, un déficit comercial constante y, por lo general, también un déficit fiscal. Típicamente, Estados Unidos gasta más de lo que recauda mediante impuestos.

Para financiar ese gasto excesivo, el Departamento del Tesoro recurre a la emisión de deuda en distintos plazos —corto, mediano y largo— mediante bonos, letras y notas.

Entre los compradores de esta deuda se encuentran ciudadanos estadounidenses, bancos, fondos de inversión, fondos de pensiones... y también gobiernos extranjeros.

Por ejemplo, China exporta miles de millones de dólares en bienes a Estados Unidos. Con los excedentes de dólares resultantes, suele adquirir bonos del Tesoro, convirtiendo a los norteamericanos no solo en compradores de productos, sino también en deudores.

De esa manera se genera el efecto búmeran, Estados Unidos emite dólares mediante el comercio, luego, una parte de ese dinero regresa al país en forma de inversión en deuda.

Eso es algo que, a Trump, no le gusta y con justa razón. Pero debemos recordar que el esquema fue aprobado y establecido por su mismo país, como ya se vio con anterioridad.

Por ejemplo, en la lista de países compradores de bonos del Tesoro (figura 5) China se encuentra en la tercera posición, solo debajo de Reino Unido y Japón, que ocupa el primer lugar.

Esta situación, encierra, sin embargo, riesgos inherentes al propio sistema, ya que como veremos el Mercado de Bonos, funciona con su propia dinámica y con reglas distintas al de Acciones o de Divisas.

Hay que recordar que, según USA.gov (s.f) Los bonos de ahorro de EE. UU. son una forma de inversión segura. Cuando una persona compra un bono del tesoro, prácticamente le está prestando dinero al Gobierno, y a cambio recibe una ganancia por la tasa de interés aplicada.

Es decir, cuando decide cambiar un bono de ahorro, el Gobierno le devuelve el monto de la compra más el interés ganado durante el plazo de la inversión, se indica en el portal.

Actualmente, la creciente deuda de Estados Unidos exige un costoso pago por concepto de intereses. Además, cada año debe renovarse una parte significativa de esa deuda, es decir, debe ser refinanciada conforme a las tasas vigentes en el mercado.

Esto implica que el gobierno necesita recursos no solo para cubrir los intereses, sino también para pagar los bonos que llegan a su vencimiento.

En este contexto, el mercado de bonos actúa guiado por su propio interés: como cualquier inversionista, busca proteger su capital frente a posibles pérdidas de valor. Es aquí donde comienza el análisis sobre la conveniencia —o no— de seguir invirtiendo en deuda estadounidense.

Y el enemigo número uno de las inversiones de renta fija, como es el caso de los bonos, es la inflación.

En el mercado de bonos, se monitorea constantemente el comportamiento de la inflación, con el fin de ajustar la rentabilidad real. Y entre mayor es la expectativa de inflación, los inversionistas van a exigir mayores tasas para compensar el riesgo y con ello aumentará el gasto del gobierno.

También consideran otros factores como la estabilidad económica del país emisor, en este caso EU, y también la sostenibilidad fiscal del gasto gubernamental, entre otras variables.

En junio de 2021, la inflación anual en Estados Unidos alcanzó el 9.1 %, un nivel no visto en décadas. Esta situación obligó a la Reserva Federal a intervenir con una política monetaria restrictiva, elevando de manera agresiva las tasas de interés de referencia para contener el alza generalizada de precios.

Como resultado de esta estrategia —una de las más rápidas en endurecimiento monetario desde los años 80— la inflación se redujo gradualmente, hasta ubicarse en una tasa anual de 2.4 %, muy cerca del objetivo oficial del 2 % establecido por la propia Reserva Federal.

Es importante puntualizar, que según CBS (2025) Estados Unidos gastó 1.1 billones de dólares en intereses de su deuda en 2024, casi el doble de lo que pagaba cinco años atrás, según datos del Banco de la Reserva Federal de St. Louis. El país ahora gasta más en el pago de intereses que en defensa.

El artículo, señala que las proyecciones muestran que el gobierno tendrá cada vez más dificultades para poder pagar otros programas sociales, debido a la carga que representan los intereses. En tanto los déficits persistentes continuarán aumentando la deuda y sus intereses.

El encarecimiento futuro de la deuda genera mayor tensión en el mercado de bonos; por un lado, tenemos el déficit fiscal y por el otro, la inflación.

Es por ello que el presidente Trump ha ejercido presión para que Jerome Powell, presidente de la Reserva Federal, renuncie o adopte una postura más alineada con su deseo de reducir las tasas de interés de referencia.

No obstante, conviene aclarar que, si bien las tasas de interés establecidas por la Fed influyen en el mercado de bonos, este último responde a una dinámica propia: las tasas que ofrece la deuda pública varían según la oferta y demanda, la inflación esperada y otros factores económicos fundamentales.

En el artículo de CBS, se señala que la deuda de EU, superará los 35.5 billones de dólares en 2024, situación que se agravó a partir del 2021 cuando se tuvieron que incrementar las tasas de interés para controlar la inflación.

Luego entonces, lo que buscaba el presidente Trump era una reducción en las tasas de interés de referencia, bajo el argumento de que la inflación ya estaba controlada. Su gobierno dejaba ver con ello una intención clara: abaratar el costo del endeudamiento federal y pagar menos intereses por la creciente carga de deuda pública.

Riesgos en la deuda

Los bonos de deuda están respaldados por el gobierno que los emite. En el caso de Estados Unidos, su importancia es estratégica: no solo constituyen un mecanismo de financiamiento para entidades públicas y privadas, sino que forman parte del entramado comercial global y de la expansión internacional del dólar.

El mercado de bonos reacciona, por tanto, a cualquier decisión de política económica o monetaria que afecte el valor del dinero en el tiempo.

Si los tenedores de bonos anticipan que la deuda será difícil de pagar, o que habrá un repunte en la inflación, exigirán mayores tasas de interés. Esto, a su vez, incrementa el costo del financiamiento gubernamental en los años siguientes y presiona el presupuesto fiscal.

Además, los bonos pueden ser vendidos en cualquier momento en el mercado secundario. Por lo tanto, quien los posee puede deshacerse de ellos si considera que las condiciones económicas futuras no justifican mantenerlos. Esa decisión —individual o masiva— puede generar tensiones adicionales en el sistema financiero.

Por ejemplo, la decisión de imponer aranceles al resto del mundo, o bien, el plan fiscal que aumenta la deuda y disminuye algunos impuestos del presidente Trump, tienen un efecto.

La guerra comercial también ha generado una fuerte reacción en los mercados financieros internacionales. Pocas clases de activos han respondido con tanta volatilidad como los bonos del Tesoro de Estados Unidos. En abril, -de 2025- los rendimientos a largo plazo experimentaron su mayor incremento en al menos cinco años.

Si bien durante marzo los bonos del Tesoro habían registrado sólidas ganancias debido a una huida de los inversionistas hacia activos considerados seguros —como reacción a los temores generados por los aranceles—, nuevos anuncios de medidas comerciales por parte del presidente Trump, a inicios del mes siguiente, provocaron una venta masiva de deuda. Esto elevó el rendimiento del bono a 10 años del 0.5 % hasta aproximadamente 4.5 % en la semana del 11 de abril (International Banker, 2024).

El mismo artículo apunta, que China ha sido señalado por estar detrás de ventas masivas de bonos en represalia por los aranceles, junto a este país, estarían también Japón y Reino Unido; los tres son los mayores tenedores de deuda norteamericana.

Hay que recordar, que cuando se venden muchos bonos a la vez, su precio baja. Pero como el interés que pagan es fijo, ese mismo pago representa un rendimiento más alto para quien los compra más baratos. Esa dinámica eleva las tasas de interés en el mercado, encareciendo el costo de la deuda para el gobierno.

Esto también tiene una explicación aún más sencilla: si los bonos emitidos por un gobierno dan señales de que la deuda es insostenible —o incluso se perciben como cercanos a basura financiera—, muy pocos inversores estarán dispuestos a comprarlos. Y quienes sí los adquieren, lo harán exigiendo una tasa de interés más alta, como compensación por el riesgo.

Considerando el monto exorbitante de la deuda norteamericana, que a precios de mercado se ubicaba en 34.2 billones de dólares a junio de 2025, según el Banco de la Reserva Federal de Dallas, (s.f); es de esperarse que reciba especial atención de quienes compran bonos para financiar al gobierno de ese país.

El apetito, por este tipo de instrumento financiero, puede verse afectado, encareciendo aún más su costo para el Departamento del Tesoro y por consecuencia, para el contribuyente.

Eso quedó de manifiesto en el mes de abril de 2025, como ya se mencionó, al pasar de un 4 por ciento la tasa de interés del bono a 10 años, hasta un 4.5 por ciento.

Las semanas subsecuentes, dicha variable, tuvo movimientos preocupantes, ya que, a pesar de lograr reducirse por momentos, -hasta 4.2 por ciento-, como lo mostraban las pizarras de los mercados, para julio de 2025, nuevamente se acercaba al 4.5 por ciento.

Es decir, a raíz del anuncio del llamado "Día de la Liberalización Económica" —como Donald Trump bautizó el inicio de su guerra comercial arancelaria—, los bonos del Tesoro estadounidense han reflejado, más que nunca, la incertidumbre sobre lo que podría ocurrir como resultado final. Esa incertidumbre se manifiesta en una presión al alza sobre las tasas de interés en distintos plazos, aunque con mayor intensidad en el rendimiento a 10 años, que es el principal termómetro de las expectativas de largo plazo.

Table 5: Major Foreign Holders of Treasury Securities							
Holdings at end of time period							
Billions of dollars							
Link: https://ticdata.treasury.gov/resource-center/data-chart-center/tic/Documents/slt_table5.txt							
Country	2025-04	2025-03	2025-02	2025-01	2024-12	2024-11	2024-10
Japan	1134.5	1130.8	1125.9	1079.3	1061.5	1087.1	1101.6
United Kingdom	807.7	779.3	750.3	740.2	722.8	766.9	746.5
China, Mainland	757.2	765.4	784.3	760.8	759.0	768.6	760.1
Cayman Islands	448.3	455.3	417.8	408.6	423.2	405.3	418.3
Belgium	411.0	402.1	394.7	377.7	374.6	361.3	349.6
Luxembourg	410.9	412.4	412.4	409.9	423.9	417.8	413.5
Canada	368.4	426.2	406.1	350.8	378.8	372.4	363.7
France	360.6	363.1	354.0	335.4	332.3	332.5	330.1
Ireland	339.9	329.3	339.0	329.7	339.4	343.1	336.7
Switzerland	310.9	311.6	290.8	301.2	298.7	298.7	297.9

Figura 5.- U.S. Department of the Treasury. (s. f.). Major Foreign Holders of Treasury Securities. Disponible en: https://ticdata.treasury.gov/

Bonos y deuda: afectación a la economía doméstica

El mercado de bonos, tiene un impacto directo en la vida del ciudadano común en Estados Unidos. No preocupa solamente a inversionistas o gobiernos extranjeros, sus movimientos generan una serie de consecuencias, tales como la fijación de tasas en productos como hipotecas o prestamos automotrices.

Como advierte Tim Quinlan, economista senior de Wells Fargo, el público debería prestar atención porque "el costo para los prestamistas, en términos generales, está aumentando". En su visión, el crecimiento continuo de la deuda nacional y del déficit presupuestario alimenta directamente este incremento en las tasas de interés, haciendo más caro el financiamiento para el ciudadano común (MarketWatch, 2024).

De hecho, los tipos de interés experimentaron una ligera disminución a finales de febrero 2025, situándose más cerca del 6.5 % de lo que se había observado en mucho tiempo. Incluso se produjo una breve caída por debajo del 6.5 % a principios de abril, antes de que los tipos se dispararan rápidamente, como se ve en Flanagan. G.L (2025)

Aun así, ante la incertidumbre sobre hasta qué punto el presidente Donald Trump impulsará políticas como aranceles y deportaciones, algunos analistas temen que el mercado laboral pueda contraerse y que la inflación resurja. En este contexto, los compradores de vivienda en Estados Unidos se enfrentan a altas tasas hipotecarias, señala la publicación.

Para el 15 de julio de 2025, la tasa hipotecaria promedio en Estados Unidos se ubicó en 6.717%, reflejando una tendencia al alza. Paralelamente, el rendimiento del bono del Tesoro a 10 años alcanzó un 4.48%, un incremento notable frente al 4.32% registrado apenas cinco días antes, el 10 de julio.

Este aumento acelerado en los rendimientos se observó claramente en las gráficas diarias de la pizarra del mercado de bonos, las cuales mostraron un ascenso constante durante ese periodo.

El repunte tanto en las tasas hipotecarias como en los rendimientos de los bonos ha sido atribuido, en parte, al impacto de las políticas económicas vinculadas a la guerra comercial impulsada por el presidente Donald Trump, cuyas medidas arancelarias y tensiones geopolíticas han generado presiones inflacionarias y volatilidad en los mercados financieros, como se observó en las gráficas de rendimiento del bono a 10 años entre el 10 y 15 de julio (Trading Economics, 2025).

De hecho, esta misma fuente, dio a conocer el dato de inflación relativa a junio de 2025, con tendencia al alza: de 2.4 por ciento anual en mayo, a 2.7 por ciento en junio.

Es decir, tanto tasas de interés como de inflación, se incrementaron, tras las medidas económicas de la segunda administración Trump.

Es evidente pues, que el mercado de bonos, tiene una importancia sistémica para el conjunto de la economía norteamericana.

Las "stablecoins" para financiar la deuda

El gobierno de Trump, ha estado al tanto de las dificultades para financiar su deuda y por lo tanto lanzó una serie de acciones en búsqueda de opciones. En ese sentido, el 17 de junio de 2025, se aprobó en el Senado la llamada GENIUS Act, que brinda certeza jurídica y financiera a los poseedores de activos digitales, como las stablecoins o monedas estables.

No solo eso, sino que busca, además, independizarse de gobiernos extranjeros en el financiamiento de la deuda soberana de Estados Unidos.

Hay que destacar que el significado del acrónimo GENIUS, en inglés, corresponde a la "Guiding and Enhancing the Nation's Innovation for U.S. Stablecoins Act", lo que puede traducirse como Ley de Guía y Establecimiento de Innovación Nacional para las Monedas Estables de los Estados Unidos. Esta legislación busca establecer un marco regulatorio claro y consistente para el desarrollo y uso de las monedas estables (stablecoins) dentro del sistema financiero estadounidense.

Las monedas estables se definen como activos digitales vinculados a moneda fiduciaria canjeables 1:1 en dólares estadounidenses o activos líquidos de alta calidad, como bonos del Tesoro de Estados Unidos o depósitos del Banco de la Reserva, (Huang, 2025).

En el análisis de Huang, se deja clara la materia regulatoria y la predisposición a que las stablecoins se utilicen para financiar al gobierno norteamericano.

Y Así:

Al ordenar que las reservas de monedas estables se mantengan en dólares estadounidenses o en bonos del Tesoro a corto plazo, se espera que la Ley GENIUS cree una demanda estructural de deuda del gobierno estadounidense y respalde la soberanía monetaria nacional. Los patrocinadores de la Ley GENIUS estiman que, para 2030, los emisores de monedas estables podrían convertirse colectivamente en **los mayores tenedores de bonos** del Tesoro de Estados Unidos, **superando a los bancos centrales extranjeros.**

Es pues, evidente que Estados Unidos, está dando pasos para limitar su riesgo frente a poseedores de deuda extranjeros, sobre países considerados enemigos, como en el caso de China.

El 18 de julio de 2025, el presidente Donald Trump firmó la Ley GENIUS, previamente aprobada por el Senado y, posteriormente, por la Cámara de Representantes de Estados Unidos, (White House, 2025)

En julio de 2025, la SEC celebró la aprobación de la Ley GENIUS por parte del presidente Trump, considerándola un hito para consolidar a Estados Unidos como centro mundial de innovación en criptoactivos. En su declaración, destacaron que esta legislación brinda claridad normativa sobre monedas estables de pago y abre la puerta a nuevas aplicaciones en el mercado de valores, incluyendo liquidación y margen. La SEC también invitó a los participantes del mercado a dialogar para ajustar regulaciones futuras que favorezcan la adopción segura de estas tecnologías emergentes. (U.S. Securities and Exchange Commission, 2025)

Es de alta relevancia, lo que se establece en el comunicado oficial de la Casa Blanca sobre el papel de las stablecoins, acerca del papel que jugarán para los planes gubernamentales del gobierno de Trump:

Primero: La Ley GENIUS exige un respaldo de reservas del 100% con activos líquidos como dólares estadounidenses o bonos del Tesoro a corto plazo y requiere que los emisores realicen divulgaciones públicas mensuales de la composición de las reservas.

Segundo: La Ley GENIUS generará una mayor demanda de deuda estadounidense y consolidará el **estatus del dólar como moneda de reserva global** al exigir a los emisores de monedas estables que respalden sus activos con bonos del Tesoro y dólares estadounidenses. (*Texto basado en hoja informativa oficial de la Casa Blanca (2025). Traducción propia*).

Stablecoins vs dólar digital

Durante la administración del presidente Joe Biden, -el número 46 de los Estados Unidos-, se impulsó el proyecto de la Moneda Digital del Banco Central o CBDC por sus siglas en inglés.

Dicho esquema permitiría que el dólar fuese completamente digital, con todo lo que ello trae consigo, como la desaparición del dinero en efectivo.

Su sucesor, Donald Trump, decidió cancelar todo avance del proyecto, mediante una orden ejecutiva emitida el 23 de enero de 2025, donde se revoca la orden 14067 en materia de monedas digitales, del 9 de marzo de 2022 de Joe Biden.

La orden de Trump, fue en el sentido de tomar medidas para proteger a los estadounidenses de los riesgos de las monedas digitales de los bancos centrales (CBDC), que amenazan la estabilidad del sistema financiero, la privacidad individual y la soberanía de los Estados Unidos, incluso prohibiendo el establecimiento, la emisión, la circulación y el uso de una CBDC dentro de la jurisdicción de los Estados Unidos, (White House, 2025).

En el caso de las CBDC se planteaba, fueran emitidas y controladas por el propio sistema de la Reserva Federal; tocante a las stablecoins, serán manejadas esencialmente por entes privados, haciendo una gran diferencia entre dos proyectos de monedas digitales.
Por ejemplo:

En octubre de 2022, la presidenta del Banco de la Reserva Federal de Cleveland, Loretta Mester, reconocía públicamente que la Fed, bajo la dirección de su Junta de Gobernadores, estaba explorando tecnologías emergentes y considerando un posible rol futuro para una moneda digital del banco central (CBDC). Esta declaración confirmaba que la institución llevaba ya tiempo investigando los desafíos y oportunidades asociados a una eventual emisión digital del dólar (Mester, 2022).

Al nacimiento de la regulación de las stablecoins, le seguirá la infraestructura para su manejo financiero. Así, están naciendo entidades como Erebor Bank, respaldado por Palmer Luckey, Peter Thiel y Joe Lonsdale.

Según Llabrés (2025), una de las características diferenciales de Erebor Bank es su intención de apoyar activamente el uso de stablecoins. El banco ya ha solicitado una licencia bancaria nacional y planea incluir stablecoins en su balance. Esta decisión podría darles ventaja frente a otras entidades a la hora de trabajar con activos tokenizados o pagos globales.

Llama la atención el nombre de Peter Thiel, quien, como ya se reseñó ampliamente, es uno de los ideólogos e impulsores de Donald Trump.

BRICS van contra el dominio del dólar

Existe una alianza de países que buscan terminar con el dominio o hegemonía del dólar en la economía mundial; esto, significa otro frente abierto para la estabilidad financiera y permanencia de esta moneda al frente del intercambio comercial global.

El grupo, denominado así por los nombres de los países que encabezan el esfuerzo en contra del dólar, y que son: Brasil, Rusia, India, China y Sudáfrica, ciertamente ha tenido avances, pero lejos aún de arruinarle el camino a la divisa estadunidense.

Dicho esfuerzo, que va en sentido contrario a los intereses norteamericanos, no ha pasado desapercibido por el gobierno de Trump. En sus expresiones, el presidente deja claro que no debe amenazarse la hegemonía del dólar.

En noviembre de 2024, antes de asumir nuevamente la presidencia de Estados Unidos, fue Trump el que lanzó amenazas al bloque si adoptaba medidas para reducir el uso del dólar en sus transacciones comerciales, según publicó la BBC.

"Exigimos a estos países el compromiso de no crear una nueva moneda BRICS ni apoyar ninguna otra que sustituya al poderoso dólar estadounidense, o se enfrentarán a aranceles del 100% y deberán decir adiós a vender [sus productos o servicios] en la maravillosa economía estadounidense. ¡Que se busquen a otro incauto!", escribió Trump entonces en sus redes sociales. (Prazeres, L., 2025).

Se ha especulado sobre la creación de una moneda distinta al dólar para realizar operaciones comerciales a nivel global, por parte del grupo BRICS, pero hasta ahora, no ha quedado formalizado ningún intento.

Algunos autores, como se menciona a continuación, indican que un giro hacia una moneda distinta al dólar, fenómeno conocido como desdolarización, todavía tiene tropiezos.

La creación de una moneda BRICS fue un tema de debate en la Cumbre BRICS 2024, celebrada del 22 al 24 de octubre en Kazán, Rusia. En la cumbre, los países BRICS continuaron sus conversaciones sobre la creación de una moneda con respaldo en oro, conocida como la "Unidad", como alternativa al dólar estadounidense.

La potencial moneda de los BRICS permitiría a estas naciones afirmar su independencia económica a la vez que compiten con el sistema financiero internacional existente. El sistema actual está dominado por el dólar estadounidense, que representa aproximadamente el 90 % del comercio de divisas, (Pistilli, M. 2025).

La autora refiere en su artículo, que Vladimir Putin, presidente de Rusia, explicó en la cumbre BRICS 2024, que, si no los dejan trabajar con el dólar por el tema de las sanciones, entonces ellos deben buscar alternativas.

Si bien, aun no se ha concretado la moneda del grupo, los esfuerzos y la amenaza al dólar americano, es latente.

Capítulo 6

Stablecoins: ¿el nuevo dólar digital?

Stablecoins: el desafío que incomoda a los bancos

Las stablecoins o monedas estables, representan una oportunidad, pero también competencia para la banca tradicional, que ha optado por presionar para que las transacciones sean lo más transparente y sin riesgos posible.

Estas monedas digitales, tienen entre otros objetivos, mantener una paridad con la moneda fiduciaria de reserva mundial, es decir el dólar americano. Son, además, un fenómeno disruptivo para el sistema no solo monetario, sino financiero.

Comparten, además, el surgimiento bajo el ideal de descentralización, -tal y como sucedió con Bitcoin-, y sin necesidad de intermediarios de las criptomonedas, su adopción ha tomado un rumbo inesperado: cada vez más usuarios acceden a ellas a través de instituciones financieras tradicionales, precisamente aquellas de las que querían independizarse, el sector bancario en EU desde el 2021 manifestó, sin embargo, sus inquietudes.

Este giro no ha pasado desapercibido para la Asociación Americana de Banqueros (ABA), que afirma que las stablecoins plantean una serie de riesgos no mitigados, como el perjuicio para los consumidores, la posibilidad de corridas de criptomonedas estables y riesgos para el sistema de pagos; estos últimos podrían extenderse al sistema financiero en general. La posibilidad de que algunas monedas estables escalen rápidamente, en particular como filiales de entidades comerciales, también plantea problemas adicionales relacionados con la concentración del poder económico. (American Bankers Association, 2021).

La ABA señala que, aunque estas monedas digitales prometen pagos más rápidos y eficientes, también conllevan riesgos importantes, por ello la insistencia de regular su implementación.

Ante este escenario, la ABA había solicitado al Congreso de su país la creación de un marco legal federal claro, integral y prudencial que definiera lo que es una stablecoin, que regule no solo a los emisores sino a todos los actores del ecosistema y se garantice una supervisión rigurosa y coherente, todo ello, previo a que se aprobará la nueva ley del 18 de julio de 2025 y firmada por el presidente Trump, como se estableció en el capítulo anterior.

Según la Asociación Americana de Banqueros (ABA), es paradójico que las criptomonedas —creadas para eliminar a los intermediarios— estén siendo cada vez más adoptadas a través de bancos regulados. La ABA defiende que los consumidores estarían mejor protegidos si acceden a stablecoins a través de instituciones bancarias supervisadas, en lugar de plataformas no reguladas.

Es importante, establecer que si una persona, tiene la oportunidad de realizar un envio de dinero usando una stablecoin, representa una amenaza al sistema bancario tradicional, sobre todo si no tiene la necesidad de pagar una comisión por la transacción.

Se entiende pues, el legítimo interés del sector bancario por las reglas claras en la implementación de todo el ecosistema de las stablecoins, aunque no son los únicos. Previo a la firma del presidente Trump a la ley de dicha materia, los senadores Elizabeth Warren y Richard Blumenthal, enviaron una carta a Mark Zuckenberg.

Lo anterior, en virtud del interés manifestado por Zuckenberg de contar con una stablecoin a través de su empresa Meta, propietaria de plataformas como Facebook e Instagram.

Como advierten los senadores Warren y Blumenthal (2025), el control de una stablecoin por parte de Meta podría "erosionar la privacidad financiera y ceder el control del suministro monetario de Norteamérica a plataformas monopólicas"

Indican que las grandes tecnológicas emitan o controlen sus propias monedas privadas, como las stablecoins, representaría una amenaza para la competencia en toda la economía, erosionaría la privacidad financiera y **"cedería el control del suministro monetario estadounidense a plataformas monopolísticas con antecedentes de abusos de poder".**

Recuerdan en la misiva, que, de acuerdo con reportes recientes, Meta está en conversaciones con empresas de criptomonedas para explorar la posibilidad de integrar una stablecoin en sus plataformas de pago. No está claro si este nuevo proyecto tomaría la forma de una sociedad, empresa conjunta, afiliación, o participación de control en una emisora de stablecoins ya existente, o si la empresa terminaría por emitir directamente su propia moneda privada.

Este tipo de iniciativa por parte de Meta genera serias preocupaciones. La empresa ya intentó lanzar una moneda privada en 2019 —el fallido proyecto Libra— que enfrentó una oposición rotunda a nivel bipartidista e internacional, agregan.

Si Meta llegara a controlar su propia stablecoin, podría profundizar su injerencia en las transacciones y la actividad comercial de los usuarios. La gigantesca cantidad de datos personales que obtendría podría alimentar esquemas de precios basados en vigilancia, publicidad dirigida más intrusiva o incluso la monetización de información sensible mediante su venta a terceros, se lee en la carta de los senadores.

Mencionan que existen riesgos de lavado de dinero, protección al consumidor e inclusive, la seguridad nacional, considerando el historial de Meta, propiedad de Zuckenberg.

Según un análisis reciente del Banco de Pagos Internacionales (BIS), el crecimiento de las stablecoins es tan acelerado como preocupante, lo que coincide con la posición política de Warren y Blumenthal.

Igualmente, notable es el fuerte aumento en la capitalización de mercado de las stablecoins, que ha pasado de 125 mil millones de dólares hace menos de dos años a alrededor de 255 mil millones en la actualidad. Aunque esto equivale a solo el 1.5 por ciento de los depósitos bancarios en Estados Unidos, representa cerca del 4 por ciento de los activos administrados por los fondos del mercado monetario gubernamentales.

A pesar del crecimiento en el número de emisores, el mercado sigue altamente concentrado: aproximadamente el 90 por ciento de la capitalización está en manos de solo dos emisores. Además, el mercado está dominado por el dólar estadounidense como activo de referencia: casi el 70 por ciento de las stablecoins activas por cantidad, y cerca del 99 por ciento por valor de mercado, están denominadas en dólares.

Este crecimiento, señala el informe, plantea varios desafíos de política pública. Una preocupación inmediata es su posible uso en actividades ilícitas, dada la dificultad para hacer cumplir las regulaciones contra el lavado de dinero y la financiación del terrorismo (AML/CFT). Al ser instrumentos digitales al portador, las stablecoins pueden circular libremente a través de fronteras en blockchains públicas y sin permisos, lo cual debilita los controles de identidad (KYC) y aumenta su atractivo para organizaciones criminales o terroristas.

A diferencia del sistema financiero tradicional, donde los intermediarios monitorean las transacciones, en el ecosistema cripto la carga recae directamente sobre las autoridades, que difícilmente pueden procesar miles de millones de operaciones anónimas (Aldasoro, Aquilina, Lewrick & Lim, 2024).

Si bien, las preocupaciones son de fechas recientes, la realidad es que las stablecoins, surgieron desde 2018. La diferencia hoy es que ya existe una ley, que como se mencionó, fue firmada por el presidente Donald Trump, el 18 de julio de 2025.

Según el sitio oficial de Circle, la stablecoin USDC es una moneda digital regulada establecida en 2018 y emitida por Circle, una empresa de servicios financieros regulada que sigue las estrictas leyes y estándares de Estados Unidos para proteger su dinero. Cada USDC en existencia está respaldado por un dólar estadounidense o activo equivalente de efectivo que Circle tiene en sus reservas públicamente visibles, con certificaciones emitidas mensualmente por una firma contable de las Big Four (Circle s.f)

Pese al entusiasmo del presidente Trump, para especialistas del sector financiero y economistas, existen riesgos latentes.

Preocupados por la posibilidad de que la proliferación de criptomonedas estables erosione los márgenes de las transacciones monetarias y fomente la proliferación de mecanismos opacos para las transferencias de dinero. La razón es simple: este tipo de criptomoneda escapa a la supervisión de la Reserva Federal y otras autoridades financieras y, por lo tanto, al menos por el momento, no existe control sobre ellas (FIRSTonline, 2025).

Como se ve, no falta que se señalen los riesgos y el camino que han tomado tanto Trump como el grupo que lo apoya; la Ley GENIUS puede parecer novedosa, pero también puede desencadenar problemas catastróficos, como afirman los expertos.

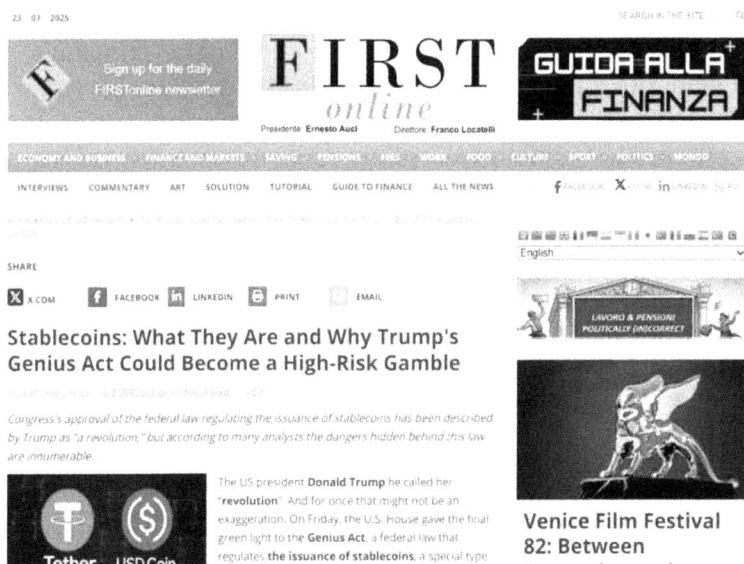

Figura 6 Fuente: Captura de pantalla del artículo "Stablecoins: What they are and why Trump's Genius Act could become a high-risk gamble", FIRSTonline, 19 de julio de 2025.

Capítulo 7

¿Stablecoins o CBDC?

Mientras la Ley GENIUS promovida por el presidente Trump regula el uso de stablecoins emitidas por empresas privadas, como USDC o Tether, es importante recordar que apenas unos años atrás, el propio gobierno norteamericano impulsaba una política completamente distinta.

Durante la administración Biden, el enfoque estaba puesto en el desarrollo de una moneda digital de banco central (**CBDC,** por sus siglas en inglés), un dólar digital directamente emitido y controlado por la Reserva Federal.

A continuación, se incluye una versión íntegra y actualizada de un capítulo previamente publicado en mi obra **(Dinero: del Trueque a las Monedas Digitales, 2024)** el cual exploraba los fundamentos, riesgos y motivaciones detrás de esa propuesta. Su inclusión aquí permite comprender mejor el contraste entre dos modelos de digitalización monetaria: uno de carácter estatal, y otro basado en la iniciativa privada con respaldo parcial.

Tal y como se ha demostrado a lo largo de este libro, las stablecoins, serán manejadas primordialmente por empresas privadas; en tanto, las CBDC, son un modelo diseñado para ser emitido por un banco central.

Este capítulo fue publicado originalmente en el libro "Dinero del Trueque a las Monedas Digitales" (Salcido Moreno R. 2024). Se reproduce con autorización del autor.

Las monedas nacionales que se emitirán en forma de dinero digital, se les ha denominado Central Bank Digital Currency (CBDC por sus siglas en inglés) y se traducen como Moneda Digital del Banco Central.

En el documento "Money and Payments: The U.S. Dollar in the Age of Digital Transformation", (2022) se define al dinero digital de la siguiente manera "para los efectos de este documento, una CBDC se define como un pasivo digital de un banco central que está ampliamente disponible para el público en general. En este sentido, es análogo a una forma digital de papel moneda".

De igual manera, el documento explica que una CBDC podría potencialmente ofrecer una variedad de beneficios.

Por ejemplo, podría proporcionar a los hogares y negocios una forma electrónica conveniente de dinero del banco central, con la seguridad y liquidez que implicaría:

A) Dar a los empresarios una plataforma en la que crear nuevos productos y servicios financieros.
B) Apoyar pagos más rápidos y económicos (incluidos los pagos transfronterizos)
C) Ampliar el acceso de los consumidores al sistema financiero. Una CBDC también podría plantear ciertos riesgos y plantearía una variedad de cuestiones de política importantes, incluida la forma en que podría afectar la estructura del mercado del sector financiero, el costo y la disponibilidad del crédito, la seguridad y estabilidad del sistema financiero y la eficacia de la política monetaria, se explica en el artículo de la Reserva Federal.

Por su parte el Banco Internacional de Pagos, señala en un documento denominado, Central bank digital currencies: foundational principles and core features (2020), "el mundo está cambiando. Incluso antes de Covid-19, el uso de efectivo en los pagos estaba disminuyendo en algunas economías avanzadas.

Los pagos digitales proporcionados comercialmente, rápidos y convenientes han crecido enormemente en volumen y diversidad. Para evolucionar y perseguir sus objetivos de política pública en un mundo digital.

Los bancos centrales están investigando activamente los pros y los contras de ofrecer una moneda digital al público (una moneda digital del banco central de propósito general (CBDC)", puntualiza el informe.

Es decir, la autoridad general de los bancos centrales del mundo ha establecido el objetivo con las monedas digitales: que sean usadas por las personas como actualmente se hace con el dinero en efectivo o físico.

En los casos anteriores se puntualiza sobre el Banco de la Reserva Federal de Estados Unidos y el Banco Internacional de Pagos, lo cual suena como suficiente para comprender el camino que están tomando las cosas en materia de dinero en el mundo.

Pero hay que observar que es lo que ha expuesto el Banco Central Europeo.

El Consejo de Gobierno del Banco Central Europeo (2021) ha decidido poner en marcha formalmente un proyecto para prepararse para la emisión de un euro digital informó en un comunicado publicado en su sitio web.

"Concretamente, esto significa que dedicaremos los recursos necesarios para diseñar un producto comercializable. Pero la decisión de emitir o no un euro digital solo llegará en una etapa posterior. Y, en cualquier caso, un euro digital complementaría el efectivo, no lo reemplazaría", de acuerdo con Fabio Panneta miembro del consejo directivo del Banco Central Europeo.

El lanzamiento de este proyecto hoy es una continuación del trabajo exploratorio que hemos realizado hasta ahora, añade el comunicado.

"Nuestro primer paso, el informe del Eurosistema sobre un euro digital, sentó las bases e identificó las razones para la posible emisión de un euro digital", indica.

Las personas que viven en la zona del euro tienen acceso gratuito a un medio de pago seguro y universalmente aceptado en forma de efectivo. Pero esto también debería ser cierto para los pagos digitales y en línea.

"Un euro digital reduciría el coste de las transacciones. Fomentaría la inclusión financiera con el objetivo de hacer que los pagos digitales estén disponibles para aquellos que actualmente no tienen acceso a los servicios financieros. Y permitiría a los usuarios realizar sus compras en todos los puntos de venta y países de la zona del euro.

Un euro digital también proporcionaría seguridad. Al igual que el efectivo, un euro digital sería un derecho directo al banco central y, por lo tanto, no tendría ningún riesgo: sin riesgo de liquidez, sin riesgo de crédito, sin riesgo de mercado", señala la postura del directivo del BCE.

Es importante destacar que los esfuerzos por impulsar el dólar digital, no es solo por parte de la Reserva Federal de EU.

Tanto el gobierno norteamericano, como organismos privados, han dejado huella de su esfuerzo por contar con una moneda digital. Tal es el caso de la instrucción del **presidente Joe Biden con su orden ejecutiva 14067.**

Por ejemplo, y acuerdo a este comunicado del gobierno norteamericano emitido en septiembre de 2022, signado por la Dra. Alondra Nelson, jefa de la Oficina de Política Científica y Tecnológica de la Casa Blanca, Alexander Macgillivray, Director Adjunto Principal de Tecnología de los Estados Unidos, y Nik Marda, Asesor de Políticas, se menciona lo siguiente:

"Si bien una CBDC de EE. UU. sería un instrumento monetario como el efectivo, es importante señalar que también sería una gran iniciativa tecnológica. Durante las últimas dos décadas, el gobierno federal ha lanzado una serie de grandes iniciativas tecnológicas, aprendiendo valiosas lecciones en el proceso. Muchas de estas lecciones pueden ayudar a garantizar que EE. UU. tenga suficiente infraestructura tecnológica, capacidad y experiencia para construir y mantener un sistema de CBDC".

Además, existe un organismo privado denominado "Digital Dólar Project", que desde el 2020 y en plena pandemia de Covid 19 dio a conocer lo siguiente en un comunicado de prensa:

"Un dólar digital ayudaría a preparar el dólar para el futuro y permitiría a las personas y empresas globales realizar pagos en dólares independientemente del espacio y el tiempo. Estamos lanzando el Proyecto del Dólar Digital para catalizar una moneda digital de los EE. UU. tokenizada que coexistiría con otros pasivos de la Reserva Federal y serviría como un medio de liquidación para satisfacer las demandas del nuevo mundo digital y un sistema financiero global más barato, rápido e inclusivo."

Agrega que "Una CBDC en dólares representaría un tercer formato de moneda y, de manera similar al papel moneda, estaría respaldada por (y por lo tanto sería tratada como un pasivo de) la Reserva Federal. Esta es una distinción clave con la tokenización del dinero bancario, que es un pasivo del banco comercial emisor. El objetivo de una CBDC es que sea portátil, en formato digital y capaz de enviarse tan fácilmente como un texto."

El proyecto es encabezado por Chris y Charles Giancarlo y Daniel Gorfine, quienes trabajan en conjunto con la firma consultora de tecnología Accenture y también crearon una fundación para tal propósito.

México… ¿con peso digital para 2024?

Durante una comparecencia en la Cámara de Senadores, la gobernadora del Banco de México, Victoria Rodríguez Ceja, explicó que los trabajos para lanzar el Peso Digital, continúan y estimó que para el 2024 ese medio de pago estará listo.

La comparecencia se realizó el 21 de abril de 2022.

En la reunión con los representantes, se le cuestionó respecto a este tema según se establece en el portal del organismo legislativo.

En un comunicado del Senado (2022) se establece que "En su oportunidad, Noé Castañón, de Movimiento Ciudadano, manifestó su interés de conocer más detalles sobre la creación de la moneda digital, que se prevé entre en operación en los próximos tres años, y resaltó el compromiso del Poder Legislativo por realizar una agenda conjunta para fortalecer el marco normativo de los mecanismos de tecnología financiera".

Al hacer uso de la palabra, refiere el comunicado, la gobernadora de Banxico dejó en claro que la autonomía de la institución que encabeza se mantiene intacta y así seguirá.

Aseguró que la Junta de Gobierno del Banco de México está atenta a las variables para tomar las decisiones pertinentes, porque mantiene firme su compromiso con el cumplimiento de su responsabilidad para llegar a la meta del 3 por ciento de la inflación.

"La moneda digital será un elemento muy importante para fomentar la inclusión financiera, ampliar posibilidades de pago y tener un sistema financiero versátil, de ahí la importancia, afirmó, de trabajar de manera coordinada para adecuar la ley", según se lee.

Como parte de la estrategia de pagos de largo plazo, el Banco de México ha iniciado el desarrollo de una Moneda Digital del Banco Central (MDBC), el cual forma parte de la estrategia de pagos de largo plazo, con el planteamiento de una infraestructura para el registro de recursos.

Una MDBC es un registro electrónico a favor de un usuario final, el cual es responsabilidad del banco central en forma de pasivo para este y que constituye parte integral de la base monetaria como las monedas y billetes que conocemos y por tanto debe de cumplir con las tres principales funciones, según Banxico:

1. Ser medio de pago,
2. Unidad de Cuenta
3. Depósito de Valor

Con la MDBC se busca generar medios de pagos encaminados a la inclusión financiera, ampliar las opciones para realizar pagos rápidos, seguros, eficientes e interoperables en la economía, e implementar funcionalidades complementarias al medio de pago, como mecanismos de automatización y programabilidad, fomentando la innovación.

"Estimamos en el Banco de México que este proceso tomará alrededor de tres años para su operación definitiva", puntualizó la funcionaria.

La información sobre el peso digital se amplía en el portal de Banxico (2022) Sistemas de Pago, donde se establece el plan de acción para llevar a cabo la implementación como se muestra a continuación.

La implementación de un MDBC debe cumplir con los principios de:
- Tener una aceptación plena en el público en general como moneda de curso legal.
- No contravenir la política monetaria del Banco Central.
- Los MDBC se pueden clasificar en dos tipos:

A) Aquellos que se encuentran a favor de una entidad financiera como pasivo del Banco Central. Estas también se conocen como "wholesale CBDC".

B) Aquellas que se encuentran a favor de cualquier persona como pasivo del Banco Central. Estas también se conocen como "retail CBDC".

También se establece que entre otros objetivos se persigue que:
1. Abrir cuentas para personas bancarizadas o no bancarizadas, contribuyendo a la inclusión financiera
2. Ampliar las posibilidades de pago en la economía que sean rápidas, seguras, eficientes e interoperables
3. Contar con un activo versátil que permita la implementación de diferentes funcionalidades como mecanismos de automatización, fomentando la innovación.

La primera etapa se identifica como Pago Cel, que permite realizar transferencias indicando únicamente un dato del beneficiario. La segunda es Orden de Pago Tokenizada que es elemento de información criptográficamente seguro que representa un pasivo del Banco de México y la tercera etapa es MBDC que constituye registros a nombre de los usuarios.

En la siguiente gráfica, (figura 7) que se inserta en el documento en cuestión sobre las etapas de implementación:

IV.4 Etapas de implementación

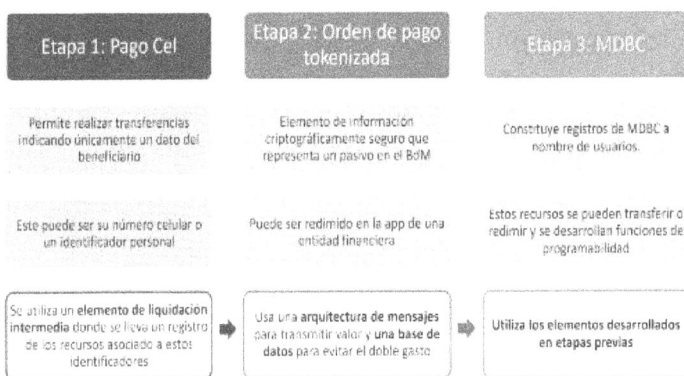

Etapa 1: Pago Cel	Etapa 2: Orden de pago tokenizada	Etapa 3: MDBC
Permite realizar transferencias indicando únicamente un dato del beneficiario	Elemento de información criptográficamente seguro que representa un pasivo en el BdM	Constituye registros de MDBC a nombre de usuarios.
Este puede ser su número celular o un identificador personal	Puede ser redimido en la app de una entidad financiera	Estos recursos se pueden transferir o redimir y se desarrollan funciones de programabilidad
Se utiliza un elemento de liquidación intermedia donde se lleva un registro de los recursos asociado a estos identificadores	Usa una arquitectura de mensajes para transmitir valor y una base de datos para evitar el doble gasto	Utiliza los elementos desarrollados en etapas previas

Figura 7 Fuente: Captura de pantalla, Banxico Sistema de Pago 2021

Conviene analizar la "Etapa 2: Orden de pago tokenizada" que se menciona en el documento Sistemas de Pago 2021 de Banxico y que se viene comentando líneas arriba.

• Se han identificado casos de negocio en el mercado que requieren que la confirmación de un pago suceda de manera más rápida que los tiempos actualmente previstos (ej. pago de transporte, casetas de peaje).

• La emisión de órdenes de pago tokenizadas atiende esta problemática y constituyen la segunda etapa de MBDC. En esta los usuarios podrán solicitar a su institución financiera generar una orden de pago tokenizada sin un beneficiario definido con un monto establecido para su uso como medio de pago prevalidado.

• El esquema operativo implica que los recursos de esta operación sean enviados desde la cuenta del participante hacia una cuenta de liquidación intermedia a través del SPEI.
• Para recibir los fondos de la orden de pago tokenizada, el receptor escanea este en la app de su institución financiera con lo cual solicita al Banco de México el depósito de los fondos en su cuenta. Si el token es válido (no ha sido usado y cuenta con los elementos de seguridad), se emite un pago desde la cuenta de liquidación intermedia hacia el participante en el que el receptor tiene su cuenta.

Si se presta atención a la parte donde se menciona que la institución financiera emitirá una orden de pago tokenizada, implica que en todo momento habrá un **estricto control** sobre el gasto de la persona que haga uso de la moneda digital.

Por último, es conveniente subrayar la visión que plantea el banco central mexicano sobre la moneda digital, misma que sería desde su emisión, de curso legal:

La publicación de Banxico señala que "Bajo la visión de pagos digitales seguros para todos, una MDBC se ubicará como denominación de moneda de curso legal con las capacidades de explotar funcionalidades tecnológicas de frontera, como lo son aquellas permitan la automatización de procesos o relaciones contractuales para el uso de dinero a partir del uso de programas informáticos".

Conviene también apuntar que Banxico usa el concepto de Moneda Digital del Banco Central, mientras que en inglés se le conoce como Central Bank Digital Currency o CBDC, sin embargo, son lo mismo para términos prácticos.

Críticas a las monedas digitales

Como se estableció en este material, la segunda guerra mundial concluyó con un nuevo sistema financiero, mismo que se acordó en Bretton Woods.

En 2022, dio inicio un conflicto bélico con la invasión de Rusia a Ucrania en el mes de febrero.

Tal y como entonces, se vislumbran cambios y las monedas digitales serían parte de éstos, en un marco de conflicto bélico o de crisis.

Hay que recordar, que, en plena guerra de Vietnam, Richard Nixon dio borrón al modelo financiero del patrón oro-dólar, de tal forma que los conflictos mundiales regularmente vienen acompañados de cambios de ciclo, por decirlo de alguna manera.

Es de destacar la opinión de Ricardo Salinas Pliego, uno de los hombres más acaudalados de México, quien dijo en una entrevista a Roberto MTZ, (2022), el peligro que encierran las monedas digitales como el dólar, peso o euro.

Salinas Pliego puntualizó con sobrada razón, que las monedas digitales tienden a un control total sobre las personas, pues se acaba la privacidad.

De hecho, fue más lejos y criticó a Agustin Carstens, quien, en una conferencia del Banco Internacional de Pagos, admitió que las CBDC o monedas digitales, -Central Bank Digital Currency-, darían a quienes las emiten más control sobre las personas.

El famoso empresario dijo sobre el tema, que "el gordito este que quiere saber cuánto, en que, donde, quien, y porque gastamos nuestro dinero", se puede ver en el material de You Tube.

Y si una característica sobresale del dinero digital, es el control puntual de cada operación que se vaya a realizar.

Hace mucho tiempo que se comenzó a abusar de la emisión de dinero por parte de los principales bancos centrales, generando largos periodos inflacionarios que terminan por erosionar el valor de la moneda y generar más pobres.

Y hay que advertir que en las conferencias, notas y comunicados de prensa que emiten los bancos centrales de varios países, se puede advertir que se viene la emisión de monedas digitales y se haría de la siguiente manera.

Se plantea que cada ciudadano reciba un monedero electrónico y ahí se le depositen sus pesos, euros o dólares digitales para que los pueda gastar, aunque sin tener convertibilidad a "cash".

Cabe recordar, que, en la actualidad, el dinero que imprime el banco central se entrega a los bancos comerciales vía subasta diaria y de ahí entra al sistema financiero ya con un interés que pagar.

Hay que remarcar que el sistema actual aplica necesariamente una tasa de interés base al dinero que luego se introduce a los bancos y de ahí a los ciudadanos, pero es el cuento de nunca acabar.

A diferencia del sistema anterior, la moneda digital no sería subastada ni tendría necesidad de pasar por los bancos para que las usen los ciudadanos, por lo tanto, no pagaría tasa de interés. Aunque eso no está completamente definido.

En una conferencia realizada en Chicago en septiembre de 2020, Loretta Mester, presidenta de la Reserva Federal en Cleveland, dijo lo siguiente respecto a la operación de una moneda digital:

"La legislación ha propuesto que cada estadounidense tenga una cuenta en la Fed en la que se puedan depositar dólares digitales, como pasivos de los Bancos de la Reserva Federal, que podrían utilizarse para pagos de emergencia. Otras propuestas crearían un nuevo instrumento de pago, el efectivo digital, que sería como la moneda física que emiten los bancos centrales en la actualidad, pero en forma digital y, potencialmente, sin el anonimato de la moneda física".

"Dependiendo de cómo se diseñen estas monedas, los bancos centrales podrían respaldarlas sin la necesidad de la participación de los bancos comerciales a través de la emisión directa en las billeteras digitales de los usuarios", agregó.

En un artículo publicado por quien esto escribe en un diario local, se establecieron detalles sobre lo más destacado hasta entonces sobre la manera en que funcionarán las monedas digitales o CBDC.

El ciudadano tendrá un monedero electrónico donde se le depositarán los dólares "tokenizados", algo parecido a una tarjeta de débito, pero ésta vez el control del gasto no necesariamente correrá a cargo del usuario.

Es decir, y más preocupante aún, si se aplican criterios políticos es posible que sea el banco central quien decida cuando un gasto se aprueba y cuando no.

De hecho, ese dinero digital no será precisamente de la persona, será propiedad en este caso del Banco de la Reserva Federal en Estados Unidos y en México, pues de Banxico o del Banco Central Europeo en Europa. No podrá ser utilizado o sacado físicamente de un cajero ni recogerlo en una sucursal bancaria.

Cabe recordar que, durante las primeras semanas de noviembre de 2022, comenzaron las pruebas con los dólares digitales, y donde participaron grandes firmas como HSBC, Master Card, US Bank y Wells Fargo por mencionar algunas.

Es hasta cierto punto pensar que es la tendencia normal de la tecnología, que estamos avanzando, que es bueno y que no nos afectará, pero no es así.

La moneda digital, preocupa porque el control que los gobiernos ejercerán sobre los ciudadanos será total, pues existen indicios de que como en China, se apliquen criterios políticos para que quien no se ciña al pensamiento general aceptado, se le apague su monedero y aislarlo financieramente.

En un artículo de Michael Maharry, en Schiffgold.com, se establece que "los dólares digitales serían similares a bitcoin y otras criptomonedas. Existirían como billetes o monedas virtuales guardados en una billetera digital en su computadora o teléfono inteligente".

Asimismo, en una nota publicada por Bloomberg (2022) se señala que cuando China lanzó su programa piloto de yuan digital, ésta moneda "ofrece a las autoridades de ese país un grado de control que nunca sería posible con el dinero físico".

El gobierno podría incluso "desactivar" la capacidad de un individuo para realizar compras, es decir el banco central se queda con la capacidad de desconectar un monedero electrónico basado en criterios políticos.

Existe la preocupación de que el crédito o los préstamos, se autorizarían solo para las personas que se sometan y sean dóciles a los gobiernos.

En el caso del peso digital, el Banco de México ya se ha pronunciado al respecto e informó que comenzará a operar en 2024, mientras que el dólar digital se espera inicie su puesta en marcha en 2023, pues como se señala al principio ahora está en fase de pruebas.

La secuencia de actividades que llevarán hacia el establecimiento de monedas nacionales digitales ya arrancaron, los pasos de exploración y conceptualización ya se dieron y actualmente están en etapa de prueba.

Por otra parte, está el lado positivo. Por ejemplo, las actividades ilícitas como el lavado de dinero y el terrorismo, tendrían menos posibilidades de éxito.

También habría un control estricto sobre los ingresos de las personas, no dejando margen para la evasión de impuestos.

Sobre la privacidad, es elocuente Mester, Loretta J. (2022) al afirmar que "Los métodos de privacidad de datos también tendrán que adaptarse. La forma tradicional de mantener la privacidad de los datos, quitando nombres o anonimizándolos de otro modo, ya no funciona en un mundo rico en múltiples fuentes de datos que se pueden cruzar para eliminar el anonimato de los datos y revelar identidades. Por lo tanto, no podemos dar por sentado que nuestros métodos actuales para asegurar nuestro sistema de pago seguirán siendo válidos; a medida que evolucionan las tecnologías, también necesitamos evolucionar nuestros métodos".

La funcionaria de la Reserva Federal de Cleveland, indica que una vez que la computación cuántica se desarrolle, romperá con esquemas de criptografía actuales presentes en la protección de servicios de pagos, por lo que se anticipa un cambio completo en estos, con las monedas digitales obviamente.

Es importante señalar que, en Estados Unidos, -y también en México-, existen ya métodos de pago completamente digitales en tiempo real, aunque el dinero que se recibe puede cambiarse por efectivo.

En EU se trata de FedNow, una plataforma de pagos que entrará en vigor en 2023 que incorpora liquidación y compensación en tiempo real.

Para el caso de México el esquema de pago se llama CoDi o Cobro Digital.

Este último, comenzó a conceptualizarse a partir del 2017 y para el 2019 ya estaba funcionando plenamente.

Las criptomonedas

Es importante hacer una separación sobre lo que es una moneda digital de un banco central, que es una extensión por decirlo así, de la divisa de un país y con plena regulación. En ese caso tenemos el dólar, el peso mexicano o el euro.

Todas estas monedas tendrán su expresión en formato digital, como ya se vio en el capítulo anterior, pero además son la divisa oficial de sus respectivos países.

Pero la historia con las criptomonedas es otra, son activos digitales, pero no son divisa oficial de ningún país.

Según el banco Santander (2022) "Una criptomoneda es un activo digital que emplea un cifrado criptográfico para garantizar su titularidad y asegurar la integridad de las transacciones, y controlar la creación de unidades adicionales, es decir, evitar que alguien pueda hacer copias como haríamos, por ejemplo, con una foto. Estas monedas no existen de forma física: se almacenan en una cartera digital".

Las criptomonedas cuentan con diversas características diferenciadoras respecto a los sistemas tradicionales: no están reguladas ni controladas por ninguna institución y no requieren de intermediaros en las transacciones. Se usa una base de datos descentralizada, blockchain o registro contable compartido, para el control de estas transacciones, agrega Santander.

Como se define aquí arriba, una de las principales características de una criptomoneda es su falta de regulación, situación que ha llevado a la comisión de auténticos fraudes en los mercados donde se comercializan éstas.

En el 2022, uno de los casos más sonados, fue el del joven californiano Sam Bankman Fried, -SBF-, y su firma FTX, situación que lo llevó a los tribunales en diciembre de este año en conjunto con la directora ejecutiva de una empresa alterna, dedicados ambos a inversiones en criptomonedas.

La empresa madre era FTX y funcionaba en conjunto con una empresa alterna denominada Alameda Research, un fondo de cobertura.

El trabajo de ambas empresas era apoyado por Caroline Ellison, su novia, y la apariencia de empresa sólida cayó cuando se descubrió el boquete financiero.

Los tortolos eran en realidad, unos genios… pero para el fraude.

Estimaciones preliminares indican que entre ambos y el personal que los ayudaba, "desaparecieron" unos 8 mil millones de dólares.

La exdirectora ejecutiva de Alameda Research, Caroline Ellison, dijo en sus primeras declaraciones que ella y el cofundador de FTX, Sam Bankman-Fried, engañaron a los prestamistas sobre cuánto dinero estaban tomando prestado de la compañía de intercambio de criptomonedas.

En algunas notas informativas se recoge la declaración de Ellison, "Realmente lamento lo que hice. Sabía que estaba mal", dijo, según una transcripción de la audiencia en la que reconoció los vínculos financieros entre la empresa Alameda y FTX.

Acerca del tema, Fox Business (2022) estableció sobre Ellison que "Desde 2019 hasta 2022, supe que Alameda tenía acceso a un servicio de préstamo en FTX.com, el intercambio de criptomonedas administrado por el Sr. Bankman-Fried. En términos prácticos, este acuerdo permitió a Alameda acceder a una línea de crédito ilimitada sin tener que presentar garantías, sin tener saldos negativos y sin estar sujeto a llamadas de margen en los protocolos de liquidación de FTX.com".

El esquema utilizado aun es investigado por las autoridades, y lo que sí es un hecho, es que desaparecieron dinero de inversionistas de manera fraudulenta.

Al parecer Alameda Research tomada dinero prestado de FTX para supuestamente invertirlo, pero como se supo, en realidad no había tal situación.

Tal vez sea esta la oportunidad para que se regule el mercado en cuestión.

Publica CNBC (2022) que "De los miles de millones de dólares en depósitos de clientes que desaparecieron de FTX en un instante, $200 millones se utilizaron para financiar inversiones en dos empresas, según la Comisión de Bolsa y Valores, que acusó al fundador Sam Bankman-Fried de orquestar un esquema para defraudar acciones e inversores."

Subraya la información que "A través de su unidad FTX Ventures, la criptoempresa invirtió en marzo 100 millones de dólares en Dave, una empresa fintech que se había hecho pública dos meses antes a través de una empresa de adquisición de propósito especial. En ese momento, las empresas dijeron que trabajarían juntas para expandir el ecosistema de activos digitales".

Asimismo se invirtieron otros 100 millones en una empresa de nombre Mystery Labs y la operación que sumó 300 millones de dólares, involucró a firmas del ambiente cripto como Coinbase Ventures, Binance Labs, y Andreessen Horowitz.

Un tema central en el caso es cómo Bankman-Fried desvió fondos de FTX a su fondo de cobertura, Alameda Research, que luego usó ese dinero para transacciones y préstamos riesgosos.

La historia de este gigantesco fraude continuará por varios años, desde que el genio que lo orquestó fue detenido, le seguirá su juicio y sentencia y seguirán apareciendo datos sobre todo lo que sucedió.

De hecho, las malas noticias sobre el tema siguieron a las semanas siguientes de su detención, por ejemplo, de la criptomoneda Solana, que en 2022 tuvo pérdidas por más de 50 mil millones de dólares. Y distintas notas periodísticas la ligan a SBF.

Pero bueno, dejando de lado esta historia, que ha sido ampliamente difundida por medios informativos de todo el mundo, veamos más acerca del nacimiento de las criptomonedas.

El auge de las criptomonedas inicia cuando salió a la luz pública la más famosa de ellas, a saber, el Bitcoin.

Según el sitio plus500.com (s.f) refiere que el "Bitcoin fue creada en 2009 como la primera moneda descentralizada que funciona con tecnología Blockchain (cadena de bloques).

Añade el portal que fue "mencionada por primera vez en un libro blanco publicado por alguien con el seudónimo de Satoshi Nakamoto, Bitcoin prometía la posibilidad de realizar transacciones libres de impuestos, basándose en firmas y monedas digitales en lugar de usar monedas fiduciarias emitidas por gobiernos. Todas las transacciones eran registradas en un "libro" de registro al que se puede acceder públicamente, lo que garantiza transparencia".

En la actualidad, el Bitcoin es la criptomoneda más utilizada y apreciada a nivel global. De acuerdo con la pizarra del mercado global de este activo digital, alcanzó un valor de 66 mil dólares en noviembre de 2021.

Sin embargo, ese mismo mes comenzó su vertiginoso descenso hasta valer solamente 16 mil 836 dólares en diciembre de 2022.

Antes de concluir el 2022, la lista de criptomonedas más populares en el mercado mundial era la siguiente y siempre encabezada por el Bitcoin:

Bitcoin
Ether
Binance

Cardano
Solana
Ripple
Polkadot
Avalanche
Polygon
Cosmos
Dai
Litecoin
Uniswap
Algorand
Bitcoin Cash
Stellar
Monero
Chainlink
Terra

Respecto al funcionamiento del Bitcoin, destaca que no es manejado por ninguna autoridad monetaria de ningún país. Son los propios usuarios y los "mineros" quienes, en computadoras distribuidas por todo el orbe, quienes se encargan de su buen funcionamiento. De hecho, se considera que con la tecnología de Blockchain, es muy difícil que el sistema sea hackeado.

Otra característica del Bitcoin es su naturaleza de "libertad", es decir, para sus creadores fue importante darle forma a una criptomoneda que no fuera manejada por entidad regulatoria alguna.

Para sus actuales impulsores y usuarios, es un logro que ningún banco central pueda "meter las manos" a su modelo monetario hasta ahora.

Ello en virtud de que las monedas nacionales como el peso o el dólar tienen un estricto control por parte de los bancos que las emiten.

El control, como se vio en capítulos anteriores existe desde la emisión, el flujo, y movimiento de cada divisa que entra o sale a los mercados de capitales, de consumo o de crédito.

En tanto el Bitcoin nace como un esfuerzo de escapar al control de las operaciones que realizan gobiernos y bancos centrales sobre la riqueza personal. Las ideas que dieron forma al grupo fueron tomando forma desde 1993, primero con la organización de reuniones y luego con el lanzamiento de un manifiesto ideológico.

De hecho, y como se publica en Bitcoin.com.mx (2019) se explica que el grupo "Conformado por Eric Hughes, Tim May y John Gilmore, entre otros, comenzó a realizar reuniones mensuales donde se llevaban a cabo mesas de discusión sobre la privacidad en internet. Eric Huges, en 1993, publicó el manifiesto cypherpunk en el que llamaba a la sociedad a defender su privacidad y reunía los ideales e intereses del grupo.

Añade el sitio "Debemos defender nuestra propia privacidad si esperamos tener alguna. Debemos unirnos y crear sistemas que permitan que se realicen transacciones anónimas. Las personas han estado defendiendo su propia privacidad durante siglos con susurros, oscuridad, sobres, puertas cerradas, apretones de manos secretos y correos. Las tecnologías del pasado no permitían una privacidad fuerte, pero las tecnologías electrónicas sí lo permitirán" Manifiesto Cypherpunk por Eric Huges.

Después de la publicación de su manifiesto, el grupo cobró más fuerza y creció, expandiéndose por internet. Además de las reuniones presenciales mensuales, se creó una lista de correos que incluía a todos los integrantes del grupo de los Cypherpunks.

En esta lista de correos se encontraban personalidades como Julián Assange, Nick Szabo, Wai Dei, Hal Finney, Adam Back y Satoshi Nakamoto entre otros, según bitcoin.com.mx.

Bitcoin es la criptomoneda más fuerte hasta ahora conocida, y como se mencionó, no es la única ya que después de sus primeros éxitos, surgieron otras con el paso del tiempo, al punto que algunos autores consideran que existen más de 4 mil.

Hay que recalcar, que a las criptomonedas no las respalda nada, excepto la confianza de quienes deciden tomarla como un "activo financiero" para invertir o en algunos casos aceptarla como medio de pago, siempre bajo riesgo de los usuarios.

Si bien cumple con las características de unidad de cuenta, carecen de reserva de valor y no hay ningún gobierno obligado a respaldar a los consumidores si se efectúan fraudes a través del manejo de cuentas de "ahorro" de estas, ello sin mencionar que su precio de mercado sube y baja continuamente, como ya se observó.

Si una persona es defraudada o le niegan el acceso a recursos de su cuenta por alguna institución que use moneda de curso legal, como el peso o el dólar, las autoridades están obligadas a actuar. Pero en el caso de las criptomonedas, las personas se toparían con que básicamente no tienen a quien reclamarle.

En una serie de consejos al consumidor, la Comisión Federal de Comercio de EU, (2022) menciona que "Los pagos con criptomonedas no tienen protecciones legales. Las tarjetas de crédito y débito tienen protecciones legales si surgen problemas. Por ejemplo, si usted necesita disputar una compra, la compañía de su tarjeta de crédito tiene un proceso que lo ayuda a recuperar su dinero. Por lo general, las criptomonedas no tienen esas mismas protecciones.

Regularmente los pagos con criptomonedas son irreversibles. Además, una vez que le paga a alguien con este instrumento, generalmente solo puede recuperar su dinero si la persona a la que le pagó se lo devuelve. "Antes de comprar algo con ellas, averigüe la reputación del vendedor investigando un poco antes de pagar", indica el organismo.

Según la Comisión Federal de Comercio de EU, estas son estafas comunes con criptomonedas:

A) Estafas de inversiones con bajo riesgo
B) Gerentes o expertos que se comunican con las personas para multiplicarles su dinero si las compra en línea y transfiere dinero real a cuentas desconocidas.
C) Celebridades, influencers o personajes que piden depósitos de criptomonedas
D) Enamorados virtuales que quieren ayudarlo a invertir
E) Promesa de altos rendimientos de manera rápida
F) Imitadores de negocios, agencias gubernamentales, ofertas de empleo como reclutadores de inversores cripto
G) Estafas de extorsión diciendo que tienen material comprometedor de usted y piden depósitos con criptomonedas.

Advertencias del sector bancario sobre criptoactivos

A este respecto, es importante un comunicado que la Reserva Federal, la Corporación Federal de Aseguramiento de Depósitos, la Oficina del Contralor de la Moneda que emitieron el 3 de enero de 2023, respecto a los riesgos de los criptoactivos, que se transcribe y traduce a continuación:

"La Junta de Gobernadores del Sistema de la Reserva Federal (Reserva Federal), la Corporación Federal de Aseguramiento de Depósitos (FDIC), y la Oficina del Contralor de la Moneda (OCC) (las agencias en conjunto) emiten la siguiente declaración sobre los riesgos de los criptoactivos para la banca.

Los eventos del año pasado han estado marcados por una volatilidad significativa y la exposición de vulnerabilidades en el sector de los criptoactivos, señala el comunicado.

Estos eventos destacan una serie de riesgos clave asociados con los criptoactivos y los participantes del sector mismo que las organizaciones bancarias deben ser conscientes, tales como:

• Riesgo de fraude y estafa entre los participantes del sector de criptoactivos.

• Incertidumbres legales relacionadas con prácticas de custodia, redenciones y derechos de propiedad, algunos de que actualmente son objeto de procesos y procedimientos judiciales.

• Representaciones y divulgaciones inexactas o engañosas por parte de empresas de criptoactivos, incluyendo tergiversaciones con respecto al seguro federal de depósitos y otras prácticas que puede ser injusto, engañoso o abusivo, contribuyendo a un daño significativo al comercio minorista e inversores institucionales, clientes y contrapartes.

• Volatilidad significativa en los mercados de criptoactivos, cuyos efectos incluyen impactos potenciales sobre flujos de depósitos asociados con empresas de criptoactivos.

• Susceptibilidad de las monedas estables a correr riesgos, creando posibles salidas de depósitos para la banca organizaciones que tienen reservas de monedas estables.

• Riesgo de contagio dentro del sector de los criptoactivos derivado de las interconexiones entre ciertos participantes de criptoactivos, incluso a través de préstamos, inversiones, fondos, servicios y disposiciones operativas. Estas interconexiones también pueden presentar riesgos de concentración para organizaciones bancarias con exposición al sector de criptoactivos.

• Prácticas de gobernanza y gestión de riesgos en el sector de los criptoactivos que muestran una falta de madurez y robustez.

• Mayores riesgos asociados con redes abiertas, públicas y/o descentralizadas, o similares incluyendo, pero no limitado a, la falta de mecanismos de gobernanza que establezcan supervisión del sistema; la ausencia de contratos o estándares para establecer claramente los roles, responsabilidades y obligaciones; y vulnerabilidades relacionadas con ataques cibernéticos, interrupciones, pérdida o activos atrapados y financiación ilícita.

Es importante que los riesgos relacionados con el sector de los criptoactivos que no puedan mitigarse o controlarse, mejor no pasen al sistema bancario, indica el material de prensa.

Las agencias supervisan que las organizaciones bancarias que pueden estar expuestas a riesgos derivados del sector de los criptoactivos estén al tanto y revisan cuidadosamente cualquier propuesta de organismos bancarios de participar en el sector.

A través de los enfoques caso por caso de las agencias hasta la fecha, continúan construyendo conocimiento, experiencia y comprensión de los riesgos que los criptoactivos pueden representar para las organizaciones bancarias, sus clientes y el sistema financiero estadounidense en general, se indica.

Dados los importantes riesgos destacados por fracasos recientes de varias grandes empresas de activos criptográficos, las agencias continúan tomando una cuidadosa precaución y un enfoque cauteloso en relación con las actividades y exposiciones relacionadas con criptoactivos actuales o propuestas en cada entidad bancaria".

El comunicado agrega que las agencias que dan la alerta no prohíben a los bancos que atiendan a sus clientes, sean quienes sean, mientras se cumpla con la ley y con los reglamentos.

EU autoriza operaciones con Bitcoin

Pese a todo el ruido en contra y aunque por muchos años se opusieron a su inclusión en el sistema de inversiones, corretaje e intercambio del mercado, finalmente, los Estados Unidos aprobó que el bitcoin fuese comercializado.

Hay que aclarar, que, si bien se aprobaron operaciones con la famosa criptomoneda, eso no implicaba que la aprobasen de facto, como lo estipuló un documento oficial.

En un mensaje al público en general y a los mercados, el presidente de la Comisión de Bolsa y Valores, (Securities and Exchange Commission o SEC) Gary Gensler, se anunciaba que, debido a las condiciones prevalecientes, se aprobó su corretaje.

(2024) Los inversores hoy ya pueden comprar y vender o ganar exposición a bitcoin en varias casas de corretaje, a través de fondos mutuos, en bolsas de valores nacionales, a través de aplicaciones de pago peer-to peer, en plataformas de negociación de criptomonedas, y, por supuesto, a través del Grayscale Bitcoin Trust.

El comunicado de prensa informaba que, la acción tomada incluirá ciertas protecciones para los inversores:

> "En primer lugar, los patrocinadores de ETPs de bitcoin (Exchange Traded Products o Productos Negociados en Bolsa en español) deberán proporcionar una relación completa, justa y veraz sobre los productos. Los inversores que coticen en cualquier ETP que se negocien, se beneficiarán de la divulgación justa, incluida en las declaraciones de registro público y los informes periódicos requeridos".

En segundo lugar, estos productos cotizarán y negociarán en bolsas de valores nacionales registradas. Estos intercambios regulados están obligados a tener normas diseñadas para prevenir el fraude y la manipulación, y las vigilaremos de cerca para garantizar que están aplicando esas normas, puntualizó el directivo de la SEC.

Además, la Comisión investigará a fondo cualquier fraude o manipulación en los mercados de valores, incluidos los sistemas que utilizan plataformas de redes sociales. Estas bolsas reguladas también tienen normas destinadas a abordar ciertos conflictos de intereses, así como para proteger a los inversores y el interés público, dicta el documento publicado en el portal de la SEC.

Dicho documento denominado (2024), "Statement on the Approval of Spot Bitcoin Exchange-Traded Products", especifica, que:

"Si bien hoy aprobamos la cotización y negociación de ciertas acciones spot ETP de bitcoin, no aprobamos ni respaldamos bitcoin. Los inversores deben ser cautelosos ante los innumerables riesgos asociados con bitcoin y productos cuyo valor está vinculado a las criptomonedas", concluye el documento.

El documento completo, publicado el 10 de enero de 2024, marcó así un hito histórico, pese al último párrafo señalado líneas arriba.

Un escenario de crisis, perfecto para implementar la CBDC

Este tema sobre la inestabilidad e incertidumbre de la economía en 2023 es clave para comprender como los excesos en el sector monetario y financiero, pasan la cuenta.

Es un hecho que durante la crisis del Covid hubo un exceso en la impresión de dinero, y ni qué decir del gasto de los gobiernos, o del endeudamiento de éstos y empresas privadas.

Por ello es importante esta sección, donde ya se advierte de lo que puede suceder cuando se imprime dinero por encima de la capacidad de la oferta para proveer bienes.

A continuación, se transcribe parte de un comunicado del Banco de México, sobre las condiciones económico-financieras que privaban a finales de 2022 en el país y en el mundo.

El material, sirve de memoria histórica, -una gran parte de este libro lo es-, y también como recordatorio de que se dio una advertencia previa:

La actividad económica mundial ha presentado una moderada recuperación, si bien las perspectivas **para 2023 siguen mostrando cierto deterioro**.

La inflación global continúa elevada, aunque en diversas economías ha disminuido ante menores presiones en los precios de alimentos y energéticos, señalaba el material de prensa emitido el 21 de diciembre de 2022.

En este contexto, la política monetaria en diversas jurisdicciones continuó aumentando sus tasas de referencia, si bien en algunos casos a un menor ritmo. No obstante, las previsiones indican que las tasas permanecerán en niveles elevados por un periodo prolongado, señala el material.

De hecho, en su última reunión, la Reserva Federal aumentó el rango objetivo para la tasa de fondos federales en 50 puntos base, después de cuatro incrementos consecutivos de 75 puntos base cada uno.

Las condiciones financieras globales se han relajado en el margen, si bien permanecen apretadas y los mercados financieros internacionales han registrado cierta volatilidad.

En México, en línea con lo observado a nivel global, los mercados financieros nacionales mostraron un comportamiento mixto y con **episodios de volatilidad, reflejando el ambiente de mayor incertidumbre** y aversión al riesgo, según el comunicado.

El peso mexicano siguió mostrando resiliencia, si bien con cierta volatilidad. Por su parte, las tasas de interés de corto plazo aumentaron y las de mediano y largo plazos disminuyeron significativamente, añade.

En este entorno, **persisten riesgos globales para la estabilidad financiera.** Por un lado, es posible que se prolonguen las presiones inflacionarias y se dé un agravamiento de las tensiones geopolíticas.

Asimismo, **las condiciones financieras podrían apretarse más** y presentarse episodios de volatilidad en los mercados financieros globales, con posibles implicaciones en los mercados nacionales, indica el material de Banxico

Además, persiste el riesgo de que el proceso de recuperación de la economía mundial se vea rezagado por una desaceleración mayor a la anticipada.

Sin embargo, cabe señalar que, de materializarse algunos de los riesgos señalados, la **morosidad de algunos segmentos** de la cartera crediticia de la banca podría incrementarse.

Hasta aquí, parte del comunicado, que pinta un escenario para 2023, más bien complicado, como bien se apunta. Aunque no fueron los únicos que previeron lo que se avecinaba para el año en cuestión.

La jefa del Fondo Monetario Internacional, Kristalina Georgieva también lo anunció.

"Esperamos que un tercio de la economía mundial esté en recesión", dijo Georgieva a "Face the Nation" de CBS en una entrevista emitida el 1 de enero. "¿Por qué? Porque las tres grandes economías (EE. UU., UE, China) se están desacelerando simultáneamente".

El FMI ya advirtió en octubre que más de un tercio de la economía mundial se contraerá y que hay un 25% de posibilidades de que el PIB global crezca menos del 2% en 2023, lo que define como una recesión global, señalaba una nota de Bloomberg el 2 de enero de 2023.

Las condiciones que se anuncian permiten un parteaguas o momento crítico en el cual el lanzamiento de las monedas nacionales digitales es muy posible.

Lo anterior, derivado del hecho de que se ha mencionado que éstas, podrían ser puestas en manos del público por parte de los bancos centrales de manera directa, sin intermediarios que cobren intereses.

De ser así, permitirían capear la crisis inflacionaria que se vive.
Hay que recordar que el freno económico que se está presentando, ha sido generado en parte, por el esfuerzo de los bancos centrales de contribuir a que baje la demanda de bienes, mediante el aumento de tasas de interés, como ya se estableció en este material.

En distintos foros, funcionarios de la Reserva Federal, como Loretta Mester J, (2020) presidenta del organismo para la oficina de Cleveland, EU., han establecido de manera general como sería la emisión del dólar digital.

"La legislación ha propuesto que cada estadounidense **tenga una cuenta en la Fed en la que se puedan depositar dólares digitales,** como pasivos de los Bancos de la Reserva Federal, que podrían utilizarse para pagos de emergencia.

Otras propuestas crearían un nuevo instrumento de pago, el efectivo digital, que sería como la moneda física que emiten los bancos centrales en la actualidad, pero en forma digital y, potencialmente, sin el anonimato de la moneda física.

Dependiendo de cómo se diseñen estas monedas, los bancos centrales podrían respaldarlas **sin la necesidad de la participación de los bancos comerciales a través de la emisión directa a los usuarios finales**"

Es importante el trabajo previo que se realizaba para el establecimiento de las CBDC, tal y como lo muestra el documento de Loretta Mester J.

--La Reserva Federal ha estado investigando los problemas planteados por la moneda digital del banco central durante algún tiempo. **La Junta de Gobernadores tiene un laboratorio de tecnología que ha estado construyendo** y probando una variedad de plataformas de contabilidad distribuida para comprender sus posibles beneficios y compensaciones.

Los miembros del personal de varios bancos de la Reserva, incluidos los desarrolladores de software de la Fed de Cleveland, están contribuyendo a este esfuerzo.

El Banco de la Reserva Federal de Boston también participa en un esfuerzo de varios años, trabajando con el Instituto de Tecnología de Massachusetts, para experimentar con tecnologías que podrían usarse para una moneda digital del banco central.

De igual manera, el Banco de la Reserva Federal de Nueva York ha establecido un centro de innovación, en asociación con el Banco de Pagos Internacionales, para identificar y desarrollar conocimientos profundos sobre tendencias críticas y tecnología financiera de relevancia para los bancos centrales.

Experimentos como este son un ingrediente importante para evaluar los beneficios y costos de una moneda digital del banco central, pero no indican ninguna decisión de la Reserva Federal de adoptar dicha moneda.

Los problemas planteados por la moneda digital del banco central relacionados con la estabilidad financiera, la estructura del mercado, la seguridad, la privacidad y la política monetaria deben comprenderse mejor, señala el documento.

El material que proviene de un discurso que la funcionaria brindó en Chicago el 23 de septiembre de 2020, cuando el mundo aún sufría el encierro de la crisis de Covid 19.

Hasta ese entonces no se habían revelado tantos detalles sobre el dólar digital.

Resalta que en el discurso se afirma que no se ha tomado la decisión de la moneda digital, pero tienen laboratorios, equipos y expertos trabajando 24/7 en el tema.

¿En qué quedamos pues?

Hasta aquí el capítulo del libro: Dinero del Trueque a las Monedas Digitales.

Capítulo 8

Trump lleva al mundo a una nueva era

Existen diversos periodos de la historia, en los cuales, se han aplicado recetas económicas similares a las que han definido el segundo mandato del presidente Donald Trump, aunque bajo un contexto muy diferente.

Por lo tanto, analizar las condiciones actuales bajo esa lupa, puede servir para comprender, posibles escenarios y hasta potenciales resultados; pero de ninguna manera para anticipar o prever lo que le depara a la humanidad, bajo el liderazgo de Estados Unidos, concretamente del mandatario número 47.

Las decisiones económicas del presidente Trump, son por decir lo menos, controversiales. En parte, es debido a la dinámica del poder, donde los opositores, buscan motivos para justificar una narrativa contraria.

No obstante, el trabajo de la Casa Blanca y su equipo de trabajo, tiene críticos ubicados del lado de los expertos, y no necesariamente buscando algún objetivo político.

La política de aplicación de aranceles, por ejemplo, impulsada en gran parte por recomendación del principal asesor del presidente, Stephen Miran, recibe constantes mensajes de apoyo.

El 28 de julio de 2025, Miran, publicó un mensaje en la red social X, (figura 8) afirmando que sus expectativas sobre la reducción del déficit fiscal y basadas en la aplicación de aranceles eran unas, pero después de ese mes, esperaba que la situación fuera aún mejor.

Ello, basado en las negociaciones comerciales que el presidente Trump llevaba a cabo por esos días, (Miran, 2025)

Miran, establecía así, que, con aranceles más altos, el ingreso para el gobierno aumentaría, por lo tanto, esos recursos adicionales por comercio exterior llevarían a EU a endeudarse menos.

Además de la reducción del déficit fiscal, vendría un descenso en el comercial, según sus postulados.

Miran, sugiere que los aranceles son una herramienta para reducir el déficit, lo cual es una postura que genera desacuerdos en los círculos de análisis económico.

Stephen Miran ✓ @SteveMiran · 12h
Our expectations for deficit reduction were predicated upon tariffs as they were in July.

Based on the higher tariff rates embedded in the President's trade deals, deficits will begin to decline even faster and further.

💬 20   🔁 34   ♡ 152   📊 58.1K   🔖   ⌁

Figura 8, captura pantalla red social X, @stephenMiran, publicado el 28 de julio de 2025.

Según el Fondo Monetario Internacional (2025) el sistema económico global bajo el cual la mayoría de los países han operado durante los últimos 80 años se está reestructurando, lo que **lleva al mundo a una nueva era**.

Esa nueva era, a que hace alusión el FMI, no necesariamente implicaría una senda mejor o de mayor prosperidad, pues se anticipa que el crecimiento económico proyectado, vaya de un 3.2 a un 2.8 por ciento a nivel global.

En el documento "La Economía Global entra en una Nueva Era", el organismo indica que, de mantenerse, este aumento abrupto de aranceles y la incertidumbre que conlleva, ralentizarán significativamente el crecimiento mundial.

Puntualiza que, los aranceles constituyen un shock de oferta negativo para el país que los impone es decir Estados Unidos, ya que los recursos internos se reasignan a producir cosas menos eficientes.

Lo anterior, genera una consiguiente pérdida de productividad agregada y un aumento de los precios de producción, es decir, se genera inflación, según se lee.

Sobra decir, que la postura del FMI sobre un potencial aumento de precios debido a los aranceles, no la comparte Stephen Miran, como lo manifiesta en sus publicaciones en la red social X.

Sumner (2024), argumenta que, en la mayoría de las economías, los aranceles elevan el nivel de precios. Esto sucede porque se aplica un impuesto sobre los bienes importados, lo que genera efectos similares a un shock de oferta negativo: reduce la oferta total disponible e incrementa los precios de producción.

En este último punto, coincide con lo establecido por el FMI, acerca de reducir la oferta e incrementar el precio de los productos al consumidor final.

Este efecto se aplica no solo a precios de importación, sino que se transmite a precios domésticos si el costo recae sobre consumidores o empresas.

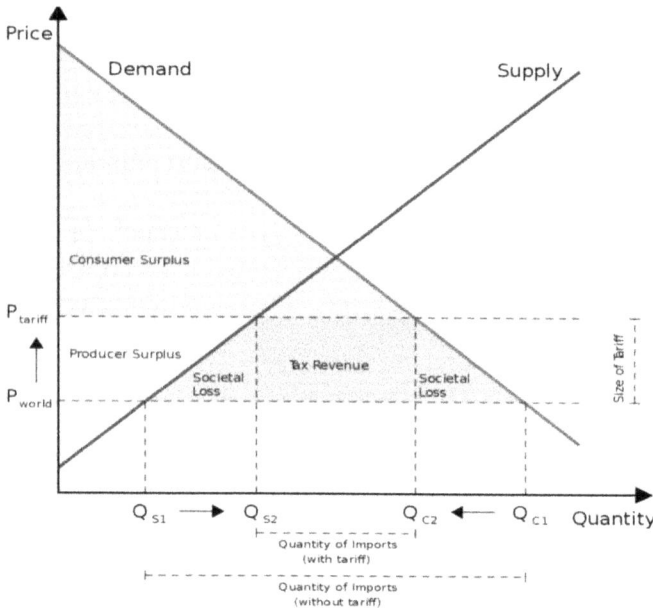

Figura 9. Impacto de los aranceles como shock de oferta negativo. Fuente: Sumner (2024), Library of Economics and Liberty. https://www.econlib.org/lets-hope-that-tariffs-are-inflationary

La figura 9 —tomada de econlib.org— ilustra cómo los aranceles generan presiones inflacionarias a través de un shock de oferta negativo que desplaza la curva de oferta agregada hacia la izquierda, elevando el nivel de precios en la economía (modelo clásico de oferta y demanda agregada).

Efectos de los aranceles a julio de 2025

El lado negativo

La Reserva Federal expresó su preocupación por el riesgo inflacionario derivado de las recientes propuestas arancelarias, advirtiendo que podrían provocar un aumento en los precios al consumidor en los próximos meses (Winters, 2025).

Como se esperaba ampliamente, la Reserva Federal está manteniendo estables las tasas de interés, a pesar de la presión del presidente Donald Trump para recortarlas. El 30 de julio, en su anuncio de política monetaria, decidió no mover las tasas hacia abajo, tal y como fue difundido por medios de comunicación.

Tras la reunión del Comité Federal de Mercado Abierto (FOMC) del miércoles, el banco central anunció que su tasa de interés de referencia se mantendrá en un rango de entre el 4,25 % y el 4,5 %. Esto implica que los costos de endeudamiento para tarjetas de crédito, préstamos y financiamientos de automóviles probablemente seguirán elevados al menos hasta mediados de septiembre, cuando el FOMC vuelva a reunirse, como lo reportó Winters (2025) en una nota para CNBC.

Esta decisión refuerza el argumento sostenido tanto por el Fondo Monetario Internacional como por economistas como Scott Sumner: que los aranceles son, en esencia, una forma de política fiscal inflacionaria.

Al encarecer bienes importados, los aranceles trasladan sus efectos al consumidor final, elevando los precios y limitando el margen de acción de la política monetaria expansiva. La Fed, lejos de responder a las presiones políticas por recortar tasas, parece estar anticipando que el efecto inflacionario de los aranceles podría empeorar en los próximos meses.

El lado positivo

Aunque los aranceles han sido señalados como una fuente de presiones inflacionarias —como advierten el FMI y economistas como Sumner—, sus efectos inmediatos sobre la actividad económica pueden tener una cara más ambigua o incluso positiva a corto plazo, al menos en términos de crecimiento.

La economía estadounidense creció un 3 por ciento anualizado en el segundo trimestre de 2025, recuperándose de una contracción del 0.5 por ciento en el primer trimestre y superando ampliamente las expectativas.

Según la estimación anticipada de la Oficina de Análisis Económico (BEA), esta expansión reflejó en gran parte una caída del 30.3 por ciento en las importaciones, lo que técnicamente eleva el PIB (al reducir la salida neta de demanda al exterior).

Dicha caída fue provocada por el efecto anticipatorio de los anuncios arancelarios: empresas y consumidores se apresuraron a abastecerse en el trimestre anterior, generando un boom temporal seguido de una fuerte contracción en las compras del extranjero.

A su vez, el gasto de los consumidores también repuntó (1.4 frente al 0.5 por ciento previo), impulsado principalmente por bienes duraderos, lo que podría explicarse por la misma lógica de anticipación frente a posibles aumentos de precios.

El gasto público y la inversión en equipos también aportaron positivamente, aunque otros componentes como la inversión en estructuras y vivienda retrocedieron, junto con una caída en las exportaciones y una fuerte contribución negativa de los inventarios.

Así, el crecimiento registrado parece más un efecto estadístico transitorio que una señal de dinamismo real. Como ocurre con muchos experimentos económicos impulsados por la política comercial, los aranceles pueden generar pulsos artificiales de actividad, pero a costa de erosionar la inversión, frenar el comercio y alimentar presiones inflacionarias. La economía se mueve, sí, pero con un destino incierto.

Aunque la intención de Donald Trump de proteger el destino económico de Estados Unidos puede ser comprensible y políticamente legítima, los instrumentos elegidos —particularmente la política arancelaria— parecen más guiados por objetivos inmediatos que por una visión estructural de largo plazo.

Dichos objetivos de corto plazo podrían complicar la vida futura de Norteamérica, porque se han introducido variables en el corazón mismo del sistema del dólar, que potencialmente pueden cambiar el resultado de la ecuación.

Antes bastaba una... hoy son tres las pistas de control monetario: aranceles, stablecoins y la propia Reserva Federal. ¿Qué puede salir mal?

Hubo un tiempo en que el timón del dólar lo sostenía solo la Fed. Hoy, ese poder está fragmentado y disputado. A la política monetaria clásica se le han subido al escenario dos actores inesperados:

Los aranceles —convertidos en herramienta política y de estímulo interno, que alteran precios relativos, distorsionan el comercio y trasladan inflación importada al consumidor local.

Las stablecoins respaldadas por dólares —una nueva forma de dinero digital que compite con el dólar físico y bancario, fuera del balance del banco central. Dinero sin banco central, pero respaldado, en muchos casos, por deuda del Tesoro.

Y claro, la Fed —que ahora no solo ajusta tasas, sino que debe reaccionar a lo que hagan los otros dos: los shocks de precios externos inducidos por política comercial, y la presión monetaria paralela del ecosistema cripto regulado (o semi-regulado).

Con tales políticas públicas, emanadas desde la primera potencia del planeta, el mundo entra en una nueva era de experimentos económicos de resultados impredecibles.

Capítulo 9

El reinado cripto del dólar

La aplicación de aranceles, como otras políticas aplicadas por la administración Trump, no son algo nuevo. Los registros históricos indican que una situación similar se vivió en los años treinta, que a la postre condujeron a la exacerbación de los conflictos económicos y luego a la segunda guerra mundial.

Parra, S. (2025, abril 1), señala que este clima de tensión remite, inevitablemente, al año 1930, cuando Estados Unidos aprobó la Ley de Tarifas Smoot-Hawley, una normativa que, bajo la excusa de proteger a los agricultores y empresarios nacionales, elevó dramáticamente los impuestos a centenares de productos importados.

Diversos análisis han subestimado el impacto del arancel Smoot-Hawley sobre la economía global, limitándolo a una mínima proporción del PIB. Sin embargo, como advierte Thomas C. Rustici (2024), sus efectos fueron mucho más profundos y sistémicos.

Esta medida arancelaria desencadenó una pérdida masiva de mercados de exportación para Estados Unidos, provocando represalias comerciales que golpearon severamente al sector agrícola y redujeron los ingresos de los productores. El capital agrícola quedó inutilizado y, como resultado, se produjo una ola de quiebras bancarias rurales que luego se extendió al sistema financiero en general, señala el autor.

El colapso de la confianza comercial generó una contracción internacional: los mercados financieros de las principales economías se desplomaron, se suspendieron pagos de deuda externa, y la masa monetaria estadounidense cayó cerca de un 30% entre 1929 y 1933.

En el agregado global, la oferta monetaria de las economías más grandes también se redujo drásticamente. Ignorar esta cadena de eventos —atribuibles en buena medida al proteccionismo extremo del arancel— significa minimizar una de las causas estructurales de la Gran Depresión y arriesgarse a repetir errores similares en contextos contemporáneos (Rustici, 2024).

Cabe señalar, que el contexto y las condiciones que ocurrían en los años treinta, son muy distintas a las actuales. No obstante, es importante considerar el resultado de una decisión de tal dimensión, como aprendizaje mínimo de los riesgos estructurales que existen.

En los años treinta, aún no se habían firmado los acuerdos de Bretton Woods que consolidarían el patrón oro-dólar como base del sistema financiero internacional. Aunque Estados Unidos ya se perfilaba como una potencia económica global tras la Primera Guerra Mundial, su moneda todavía no ejercía la hegemonía monetaria que alcanzaría en las décadas posteriores.

El dólar compartía entonces protagonismo con la libra esterlina y otras monedas fuertes, y carecía del respaldo institucional que más tarde ofrecerían instituciones como el FMI o el Banco Mundial.

Hoy en día, el dólar, como ya se reseñó, tiene un rol hegemónico en el sistema monetario global. Y la administración Trump, quiere que siga así, -aunque bajo nuevas reglas, nuevo modelo y sistema apoyado en criptomonedas-.

Considerando las diferencias que existían antes con las de ahora el riesgo quizá, pueda ser mayor. Por ejemplo, si los aranceles mantienen presiones inflacionarias, pueden provocar que las tasas de interés se mantengan altas por más tiempo.

Ese simple hecho, además de generar un mayor gasto de intereses al gobierno norteamericano liderado por Trump, también tendría efectos devastadores en el resto de las economías domésticas.

Al mantenerse o aumentar los tipos, el consumidor puede verse imposibilitado ya no digamos de adquirir más bienes, sino que se le dificultará, hacer frente a sus compromisos financieros, como el pago de hipoteca, auto o tarjeta de crédito.

En el caso del resto de países, si Estados Unidos mantiene o aumenta sus tasas de interés como resultado de la inflación y los aranceles, el dólar se vería fortalecido y es muy probable que muchos países no mantengan el paso y colapsen de diversas maneras.

Un dólar fuerte, encarece las deudas de los países y también es motivo de inflación.

El riesgo está presente.

Sin embargo, el presidente Trump no se queda ahí, en la anécdota o en la teoría. Empuja y libra sus batallas, enfrenta a quienes no están de acuerdo con su forma de llevar al país o a la administración pública.

Tan es así, que el 7 de agosto de 2025, dijo que nominaría a su asesor económico estrella, Stephen Miran, como parte del grupo de gobernadores del Banco de la Reserva Federal, tras quedar vacante una posición que dejó Adriana Kugler (Mena B. 2025, 8 agosto).

Diversos analistas, señalan el riesgo de que la Reserva Federal pierda autonomía y que las decisiones de política monetaria se basen en criterios de índole partidario o abiertamente políticos.

Reinar a través de criptomonedas

Las políticas públicas de la administración Trump, van encaminadas sí a la hegemonía del dólar, pero también a hacerlo con nuevas modalidades de activos, basados en tecnología, apps, blockchain, entre otras.

Por ejemplo, en julio de 2025, la Comisión de Bolsa y Valores de EU, -SEC por sus siglas en inglés-, autorizó la creación y reembolso "en especie" para los ETPs de bitcoin y ether, alineándolos con los productos cotizados en bolsa respaldados por materias primas, de acuerdo con un comunicado.

Los ETP o Excahnged Traded Products, son instrumentos financieros que se compran y venden en la bolsa como si fueran acciones, pero en lugar de representar una empresa, representan el valor de algo más: bitcoin, ether, oro, petróleo, o incluso una canasta de criptoactivos.

Todo ello, en el marco de una nueva visión y un proyecto de largo plazo de la SEC, tal y como lo anunció su titular.

El presidente de la Comisión, Paul S. Atkins, declaró sin ambigüedad al anunciar el "Proyecto Cripto", que es un nuevo día en la SEC; una frase no es solo retórica: implica un cambio de postura institucional.

En lugar de resistir el avance de las criptomonedas, la SEC optó por regular para integrar, facilitando productos más baratos y eficientes para los inversionistas, pero también ampliando el alcance de la arquitectura financiera estadounidense sobre activos digitales que antes flotaban fuera del radar normativo.

La SEC no está legalizando el bitcoin: lo está absorbiendo. Al permitir creaciones y reembolsos en especie, convierte a los criptoactivos en una parte funcional del sistema financiero regulado. No es una victoria libertaria, es una muestra más de cómo el dólar se adapta para seguir reinando, ahora en su versión tokenizada. La hegemonía no se opone al cambio, lo digiere.

Este lenguaje marca un quiebre con la vieja narrativa de sospecha y rechazo institucional hacia los criptoactivos. Ahora, no sólo se reconoce su existencia, sino que se le integra al sistema financiero tradicional bajo las reglas del capital regulado. En otras palabras: la SEC no se rinde ante bitcoin, lo absorbe y, además, todo esto de la mano de las stablecoin o monedas estables.

Llaman la atención las palabras del presidente de la SEC, Paul Atkins (2025) en el tema de las criptomonedas "Para lograr la visión del presidente Trump de convertir a Estados Unidos en la capital mundial de las criptomonedas, la SEC debe considerar de forma integral los posibles beneficios y riesgos de trasladar nuestros mercados de un entorno fuera de la cadena a uno dentro de la cadena".

La SEC busca habilitar lo que llama **"superaplicaciones financieras"**: plataformas que ofrezcan, bajo una sola licencia, una gama completa de servicios como compraventa de acciones tradicionales, criptoactivos, staking o préstamos, sin tener que cumplir con una maraña de regulaciones duplicadas o licencias estatales.

La idea, según Atkins, es facilitar que los emprendedores innoven y compitan sin que la burocracia los elimine del juego ni los obligue a migrar al extranjero.

Además, el regulador quiere abrir espacio para sistemas financieros basados en software en cadena —como los exchanges descentralizados o los creadores de mercado automáticos— permitiendo que funcionen sin necesidad de intermediarios tradicionales.

La apuesta es clara: modernizar el marco normativo para que estos nuevos modelos operen sin fricciones, sin forzar intermediación artificial y con reglas transparentes para quienes sí opten por ofrecer servicios desde estructuras centralizadas. Es un impulso a la competencia, la descentralización y la soberanía tecnológica dentro del sistema financiero de Estados Unidos.

Toda una revolución en materia de regulación y libertad para la administración e inversiones en activos digitales basados en blockchain.

Por lo pronto, Circle, uno de los emisores más grandes de stablecoins, y Ripple han solicitado licencias bancarias federales en Estados Unidos para integrarse formalmente al sistema financiero, obtener acceso regulatorio directo y custodiar sus propios activos, Hada, ChainCatcher. (2025, 7 de julio).

También Palmer Luckey y Peter Thiel han unido fuerzas para fundar **Erebor,** un banco diseñado desde cero para ser compatible con criptomonedas.

Esta "doble ofensiva" —criptoempresas integrándose al sistema y tecnomagnates construyendo nuevos bancos— podría reconfigurar el sistema bancario estadounidense, abriendo paso a un modelo híbrido entre finanzas tradicionales y activos digitales.

El programa de Trump para abrirle la cancha a las inversiones en activos cripto y monedas digitales como stablecoin, también les ha echado el ojo a los fondos de pensiones para que sus fondos, vayan a fortalecer el nuevo modelo financiero.

El gobierno federal de los EU también busca que los inversionistas de planes de pensiones como 401(k) y otros de contribución definida tengan acceso a "alternatives assets" entendiéndose estos como activos digitales —como capital privado, bienes raíces, activos digitales, materias primas, infraestructura y estrategias de renta vitalicia—.

Hasta ahora ha sido mayoritariamente reservado para inversionistas institucionales o empleados gubernamentales con planes públicos, para lo cual, el presidente Trump firmó una orden ejecutiva el 7 de agosto de 2025. Trump, D. J. (2025, 7 de agosto).

Capítulo 10

Notas para una distopía económica

**"Háganse amigos por medio del dinero injusto, para que cuando este falte, los reciban en las moradas eternas."
— Evangelio de Lucas 16:9**

A lo largo de la historia, el dinero ha sido mal visto, idolatrado o simplemente temido. Pero Jesús, en una de sus frases más agudas, no lo condenó: lo reposicionó. No dijo: "destrúyelo", sino "úsalo bien". **Conoce su poder, su fragilidad, su origen dudoso —y aun así, hazlo trabajar a tu favor**. Lo que importa no es el billete, sino lo que construyes con él. En un mundo donde la hegemonía se pelea no con ejércitos, sino con monedas digitales, redes de pagos y tokens estables, esta enseñanza milenaria suena más vigente que nunca.

Debilitamiento del sector bancario

En la vida del ser humano, puede haber innovaciones, pero eso no garantiza que funcionen perfectamente desde el inicio, ni que lleguen sin costos o sin romper algo valioso en el camino.

Las nuevas propuestas financieras en torno al dólar y su hegemonía lucen novedosas y versátiles, pero no están exentas de críticas ni de preocupaciones legítimas sobre sus efectos colaterales.

Arthur Sants (2025), el reportero de finanzas e inversiones, escribió sobre David Sacks, un experto en criptomonedas a quien le atribuye la siguiente frase sobre monedas estables para comprar deuda y posteriormente la critica:

"Podría generar billones de dólares de demanda de nuestros bonos del Tesoro prácticamente de la noche a la mañana."

Como advierte Sants, la idea de que las monedas estables generarían billones en demanda neta por bonos del Tesoro es una ilusión: los fondos provendrían principalmente de depósitos bancarios, lo que obligaría a los bancos a vender esos mismos bonos para cubrir las salidas, anulando el efecto esperado.

¿Qué implica esta afirmación?

Sacks sugiere que una stablecoin pública (o privada, pero con respaldo gubernamental) generaría una demanda masiva por bonos del Tesoro estadounidense, porque los emisores de stablecoins (como Circle o Tether) necesitan comprar activos seguros para respaldar el valor de esas monedas uno a uno, y el Tesoro con su enorme deuda es la opción número uno.

Con un solo párrafo, Sants va desvelando algunos mitos sobre el tema, que aquí se explican a profundidad:

Primero.- Para que se emitan billones en stablecoins, los usuarios tendrían que convertir dinero que ya tienen en los bancos. Esto no es dinero "nuevo" ni es una demanda nueva, sino una reubicación de liquidez.

Segundo: Al retirar dinero para comprar stablecoins, los depósitos bancarios caen, y los bancos, que usan esos depósitos para prestar (gracias al sistema de reserva fraccionaria), tendrían que vender activos como bonos del Tesoro para hacer frente a las salidas.

Tercero: Lo que los emisores de stablecoins compran en bonos, los bancos podrían estar vendiéndolo al mismo tiempo para cumplir con sus obligaciones. Así que el efecto neto sobre la demanda de bonos puede ser nulo o incluso negativo.

Contracción monetaria:

Al reducir los depósitos bancarios, se reduce la capacidad de los bancos para otorgar crédito. Es decir, podríamos tener una contracción en la oferta monetaria, lo cual es lo opuesto a lo que el gobierno esperaría de una innovación financiera expansiva.

Hay que recordar, que los bancos multiplican el dinero: un depósito puede convertirse en muchos más a través del crédito.

Las stablecoins no: están completamente respaldadas, por lo que no expanden la base monetaria, simplemente la trasladan de un lugar a otro.

Por lo tanto:

La visión de Sacks parece ignorar el efecto desplazamiento: los recursos no aparecen de la nada. Cambiar dinero del sistema bancario tradicional al sistema de stablecoins no necesariamente impulsa el crédito ni crea demanda neta por activos del gobierno. Puede, en cambio, estresar a los bancos, disminuir el crédito disponible, e incluso producir un efecto contractivo si no se maneja con cuidado.

Si bien las expectativas son altas, se pueden estar generando utopías tecnológicas con el dinero e incluso distopías, donde se concentra la emisión de este mediante entidades sin rostro.

Se puede, además, debilitar al sistema tradicional de otorgamiento de crédito y del sostenimiento de la economía real.

Luego entonces, existen condiciones a partir de las nuevas tendencias, para pensar que los riesgos sistémicos tienden a incrementarse.

"La victoria del dólar, la derrota del mundo"

El modelo que potencialmente va quedando atrás permitía a Estados Unidos distribuir su moneda a través del comercio, concretamente comprando bienes al resto del planeta. Este mecanismo sostenía la hegemonía del dólar, aunque a costa de generar un déficit comercial constante y efectos colaterales sobre el déficit fiscal estadounidense.

Ahora, con el nuevo paradigma en construcción, ese mismo comercio empieza a ser penalizado. A quienes venden a Estados Unidos se les castiga con aranceles, cargándoles así el costo de seguir usando una moneda que no eligieron, pero que se convirtió en la referencia obligada del sistema internacional.

Esta es solo una de las muchas facetas de una arquitectura económica emergente. Desde una lectura superficial, pareciera que el gobierno estadounidense ha decidido culpar al mundo por haber aceptado una moneda que le fue impuesta por la fuerza, y no por convicción. Se acusa a los países de provocar el déficit y la deuda de Estados Unidos, como si importar productos baratos fuera un acto hostil contra su población.

La historia pudo haber tomado otro rumbo. El mundo tuvo frente a sí la propuesta de Keynes: una moneda internacional, neutral, llamada bancor. Pero eligió al dólar. O, mejor dicho, fue el dólar quien eligió al mundo.

Ahora, al parecer, también le cobra el uso.

¿Son los países culpables del estado actual de la economía norteamericana? ¿O es simplemente el resultado de décadas de mala gestión pública dentro de Estados Unidos?

La nueva arquitectura económica que el presidente Trump está erigiendo puede tener **bases ideológicas legítimas**, incluso comprensibles desde la perspectiva de quienes la impulsan y de su base electoral. Para muchos, representa un intento por **corregir desequilibrios estructurales** acumulados por años: pérdida de empleos industriales, déficits comerciales, dependencia externa. Pero, técnicamente, este modelo **adolece de coherencia, previsibilidad y sostenibilidad.**

El modelo anterior, fue impuesto por los gobiernos y especialistas que, en su momento, se reunieron en Bretton Woods en 1944. Se utilizó, hubo excesos y ahora en un giro de 180 grados se impone uno nuevo, con consecuencias impredecibles.

Lo que vemos en el fondo, es la lucha por el uso del dinero a nivel global y el dominio del dólar por encima de toda entidad política, económica y social. Muy similar a Bretton Woods, pero recargado.

Evidentemente que algunos países, no se van a quedar de manos cruzadas y trabajan en sus propios modelos monetarios, eso es preocupante, porque anticipa hostilidad económica para los siguientes años, es decir mayor incertidumbre.

En el supuesto anterior, estamos hablando de potencias como China o Rusia, pero incluye también a emergentes como Brasil o India, cuyo peso específico en materia de comercio y materias primas, es ampliamente conocido.

Si sumamos los riesgos sistémicos que supone la apertura indiscriminada de dinero digital, como las stablecoins, a la confrontación geopolítica por la manera en que se están haciendo los entramados y arquitectura financiera, el resultado puede ser no muy agradable.

Pese a todo, la euforia por los esquemas de activos digitales crece, incluso entre el sector bancario formal, quizá estén tratando de anticiparse y no quedarse fuera del negocio.

Por ejemplo, el director ejecutivo de JPMorgan Chase, Jamie Dimon, quien en el pasado ha calificado a Bitcoin de "esquema Ponzi", afirmó que quiere que su banco participe activamente. Algunos bancos han comenzado a ofrecer préstamos a clientes utilizando fondos cotizados en bolsa de Bitcoin como garantía. (Light, J. 2025, 7 de agosto).

Los temores van desde potenciales corridas bancarias, hasta errores en la desregulación tan rápida de esquemas que la mayoría de las personas no comprende del todo, se indica.

Estamos en la antesala de una transformación profunda del sistema monetario y financiero global, un proceso cargado de implicaciones trascendentes, pero también de riesgos considerables.

Lo nuevo es la regulación…y más debilidad para la Reserva Federal

Es importante destacar, que el mercado de cripto activos, no necesariamente es nuevo; lo que es más relevante, es la adopción legal y el establecimiento de un marco regulatorio por parte de los Estados Unidos y la relación que guarda con la hegemonía del dólar.

Existen de hecho, reportes recientes sobre el comportamiento del mercado en la adopción de criptomonedas, tal y como se muestra a continuación.

El reporte Bitso, Crypto Landscape in Latin America (2024) revela un crecimiento sostenido en la adopción de criptomonedas en América Latina, con un aumento del 12% en usuarios, alcanzando 9 millones en la región, de los cuales México concentra 4.4 millones. La mayoría de los usuarios se ubica en el rango de 25 a 34 años (38%), aunque se observa un incremento de actividad en grupos con edades de 45 años en adelante.

La participación femenina sigue siendo minoritaria (39% global, menor en la región), aunque con avances en segmentos mayores de 35 años y casi paridad en mayores de 65.

En 2024, se registró un cambio significativo en la composición de portafolios: las stablecoins, especialmente USDT, ganaron protagonismo como herramientas para comercio, remesas y protección ante la volatilidad. Paralelamente, creció la diversificación hacia altcoins, reflejando un mercado más sofisticado y menos concentrado en Bitcoin y Ether, según el informe.

De alta relevancia, resulta el hecho de que, en México, las remesas siguen siendo un factor clave para la adopción de criptomonedas. Los principales activos que se poseen son bitcoin y USDT, aunque la madurez del mercado también está impulsando la diversificación hacia altcoins y memecoins, según Bitso.

México sigue siendo el mercado más grande de Bitso, con 4.4 millones de usuarios. En tanto el mercado de stablecoin en Estados Unidos, está teniendo una expansión significativa, según un reporte de agosto de 2025.

Circle, dirigida por el CEO Jeremy Allaire, es una de las empresas pioneras de la industria cripto y emisora de USD Coin (USDC), la segunda stablecoin más grande del mundo, con aproximadamente el 26 por ciento del mercado de stablecoins respaldadas por dólares, detrás de Tether (USDT), que representa alrededor del 67 por ciento, según CryptoQuan (Macheel T. 2025, agosto 12)

"Al igual que Internet abierto, el software, las redes y los servicios públicos cambiaron los medios, las comunicaciones, el comercio minorista y la educación, eso está sucediendo en el sistema financiero, y el dinero basado en stablecoins y las blockchains son fundamentales para ese futuro", señala Allaire.

La circulación de USDC, la stablecoin que emite y administra Circle, creció un 90 % con respecto al año anterior, hasta alcanzar los $61.3 mil millones. Las stablecoins son criptomonedas cuyo valor está vinculado al de otro activo, normalmente el dólar estadounidense, dio a conocer el CEO de Circle.

Circle, anunció, además, el lanzmiento de **una nueva blockchain propia llamada Arc**, diseñada como una red para pagos con stablecoins, divisas (FX) y aplicaciones de mercados de capital. Se integrará a través de todos los servicios y plataforma de Circle, y comenzará pruebas con desarrolladores en el otoño de 2025.

El vertiginoso ascenso de Circle no es solo una historia de éxito empresarial, sino la confirmación de que el dólar digital está encontrando sus arquitectos fuera del banco central. Con el respaldo político de la administración Trump y la aprobación del GENIUS Act, la empresa no solo expande la circulación de USDC, sino que se prepara para controlar su propia infraestructura con su nueva blockchain.

Puede decirse, que los desarrolladores y empresas de stablecoins, serán una especie de Banco de la Reserva Federal, pero completamente privados, bajo un entorno de regulación favorable. Trabajan con sus propias reglas y códigos, y no responden a Comités de Mercado Abierto ni a la burocracia conocida del banco central.

Cabe preguntarse si la Reserva Federal y otros organismos del sistema financiero estadounidense permanecerán pasivos, o si en algún momento se verán obligados a responder con una acción contundente frente a la expansión de las stablecoins y otros activos digitales, una ola ahora impulsada, respaldada y regulada desde la propia Casa Blanca bajo la administración Trump.

Da la impresión de que la Reserva Federal, con Jerome Powell al frente, observa un fenómeno que prefiere no revelar, quizá porque las implicaciones podrían ser demasiado disruptivas. Según mis cálculos, este camino no terminará bien… aunque esa es solo una percepción, no una certeza.

En todo caso, los temores de que pueda haber una confrontación de proporciones épicas, no es una idea sin fundamento, toda vez que, en la segunda semana de agosto de 2025, Stephen Miran, dio a conocer parte de la visión que guarda respecto a la operación y decisiones del Banco de la Reserva Federal.

Miran ha pedido una revisión completa de la gobernanza de la Fed, argumentando en un documento del que fue coautor el año pasado para el Manhattan Institute para aumentar el control presidencial de la Junta de la Fed, incluso acortando los mandatos de los miembros. También quiere poner fin a la "puerta giratoria" entre el poder ejecutivo y la Fed, y nacionalizar los 12 bancos regionales de la Fed (Reuters, 2025, agosto 12)

En este nuevo contexto, la expansión de las stablecoins con respaldo regulatorio y político interno podría convertirse no solo en un instrumento de política monetaria paralela, sino también en un mecanismo para reforzar la influencia directa del Ejecutivo en el sistema financiero global.

Si la historia rima, como decía Mark Twain, esta vez la melodía podría ser más oscura: un banco central domesticado y una moneda digital oficializada podrían inaugurar una economía donde la autonomía institucional sea apenas un recuerdo, y la estabilidad dependa de los vaivenes de la política y no de la técnica.

No sería la primera vez que un presidente intenta someter al banco central: en 1972, Richard Nixon y el entonces presidente de la Fed, Arthur Burns —republicano leal— coincidieron en una fase de política monetaria marcadamente expansiva, pese a que la recesión había concluido y el entorno ya era inflacionario. Abrams, B. A. (2006).

Este giro contradijo las advertencias que el propio Burns había formulado en Prosperity without Inflation (1957) sobre los peligros de una inflación acelerada. Aunque algunos sostienen que cedió a presiones políticas, otros argumentan que actuó según su propio juicio en un contexto macroeconómico convulso.

La evidencia, proveniente de las transcripciones de las grabaciones presidenciales disponibles en los archivos de FRASER, refuerza la hipótesis de que Burns actuó sometido a presiones políticas, aunque algunos sostienen que lo hizo según su mejor juicio en un entorno macroeconómico turbulento (Abrams, 2006).

El resultado de que Burns accediera a la presión de Nixon fue un desbordamiento inflacionario durante los años setenta. Para contenerlo, la Reserva Federal se vio obligada a aplicar una amarga medicina de restricción monetaria que desembocó en una prolongada recesión, con altos costos económicos y sociales.

La situación de Nixon y la de Trump, a pesar del tiempo transcurrido, puede sintetizarse en la figura 10:

Aspecto	Nixon (1970–1974)	Trump (2025)
Momento político	Previo a la elección de 1972: Nixon, preocupado por la economía, presionó por una política monetaria expansiva.	Trump insiste en recortes de tasas pese a alta inflación, buscando estimular la economía antes de elecciones futuras.
Relación con el presidente de la Fed	Arthur Burns, leal republicano, finalmente cedió ante la presión, pese a advertencias previas.	Trump critica públicamente a Jerome Powell, lo ha atacado en redes y amenaza con no renovarlo o nombrar a un sustituto sumiso.
Canales de presión	Reuniones frecuentes (Nixon tuvo unas 160 con la Fed), filtraciones, modificación de estructura de poder.	Tweets, declaraciones públicas, insinuaciones de despido, presión mediática y vetos.
Resultado de corto plazo	Boom económico, baja del desempleo, reelección en 1972, gracias a expansión de liquidez.	Mercados anticipan recortes; presiones influyeron sobre expectativas del mercado.
Resultado de largo plazo	Estanflación: alta inflación (más de 12 %), recesión, pérdida de credibilidad monetaria.	Riesgo de pérdida de independencia de la Fed, erosión de confianza, inflación y volatilidad de mercado.

Figura 10, Elaboración propia, comparativo Nixon-Trump

Control del Dinero
-A manera de conclusión-

"Dame el control del dinero de una nación y no me importa quien haga sus leyes": Mayer Amschel Rotshchild

Las luchas por el control del dinero nunca han terminado bien. Existe evidencia sobrada a lo largo de la historia, y es situación ampliamente documentada, que cuando esto sucede, sobrevienen periodos de inestabilidad, inflación e inclusive guerras.

La primera y segunda guerra mundial, el abandono del patrón oro-dólar bajo la presidencia de Richard Nixon, por ejemplo, tuvieron como telón de fondo, la lucha por materias primas y el control de los sistemas financieros modernos, como sucedió en Bretton Woods en 1944.

También es importante que, con cada gran salto y posterior cambio en el sistema monetario y financiero, se tuvo una guerra.

En los entretelones de la primera guerra mundial, estaba en entredicho el uso del patrón oro para imprimir dinero. Muchos países lo abandonaron para imprimir dinero sin sustento y vinieron grandes efectos inflacionarios; el caso de Alemania es claro ejemplo.

En esa época de la historia, también existía una lucha por las materias primas.

En la segunda guerra y antes de que concluyese, se firma el tratado de Bretton Woods, que como se advirtió en otros capítulos, Estados Unidos aprovecha para instaurar el patrón oro-dólar. Para 1971 se abandona dicho esquema y la humanidad, empujada también por ese país, se vuelca al dinero fiduciario.

Esos son algunos de los ejemplos más conocidos, pero se multiplican a lo largo de la historia.

En el Imperio romano, una de sus mayores debilidades surgió cuando el Estado comenzó a reducir la pureza de las monedas de oro y plata, mezclándolas con metales menos valiosos para obtener un beneficio inmediato. Esta práctica provocó una pérdida de confianza, inflación y periodos de empobrecimiento que debilitaron la economía imperial.

Lo que estamos observando con el lanzamiento, crecimiento y regulación de stablecoins, activos cripto y blockchain, es en esencia lo mismo: una lucha por el control del dinero en cualquiera de las formas que actualmente adopta.

Por un lado, la administración Trump y por el otro, el Banco de la Reserva Federal y cada uno con palancas de poder de alto calibre. En medio, la humanidad esperando que esto no acabe mal.

Y si, se trata de un ejercicio de grandes proporciones y efectos. El control del dinero es en esencia poder, prácticamente como ningún otro.

Para Donald Trump y su equipo, la lucha es doble: primero, contra el poder establecido de quienes controlan el banco central; y segundo, por mantener la hegemonía del dólar en el escenario global. En una batalla de tal magnitud, las apuestas son altas… y las consecuencias, imprevisibles.

Bibliografía

Abrams, B. A. (2006). How Richard Nixon pressured Arthur Burns: Evidence from the Nixon tapes. Journal of Economic Perspectives, 20(4), 177–188. Recuperado de la plataforma FRASER de la Fed

Aldasoro, I., Aquilina, M., Lewrick, U., & Lim, S. H. (2024). Stablecoin growth – policy challenges and approaches (BIS Bulletin No. 108). Bank for International Settlements. https://www.bis.org/publ/bisbull108.htm

American Bankers Association. (2021). ABA Statement for the Record – Stablecoins: How Do They Work, How Are They Used, and What Are Their Risks? https://www.aba.com/advocacy/policy-analysis/aba-statement-for-the-record-stablecoins-how-do-they-work

Banco de la Reserva Federal de Dallas, Valor de mercado de la deuda federal bruta [MVGFD027MNFRBDAL], recuperado de FRED, Banco de la Reserva Federal de St. Louis; https://fred.stlouisfed.org/series/MVGFD027MNFRBDAL , 14 de julio de 2025.

Banco de México, (s.f), Política Monetaria. http://educa.banxico.org.mx/banco_mexico_banca_central/politica-monetaria-banco-mexi.html, recuperado 19 de diciembre de 2022.

Banco de México, Anuncio de Política Monetaria, (2022) https://www.banxico.org.mx/publicaciones-y-prensa/anuncios-de-las-decisiones-de-politica-monetaria/%7B83B088FF-1923-A73F-2914-0087A31FE25A%7D.pdf, recuperado el 19 de diciembre de 2022.

Banxico, (2021) Sistemas de Pago, https://www.banxico.org.mx/sistemas-de-pago/d/%7BA9287AEE-664E-324B-9599-4FF89B6D7791%7D.pdf , recuperado el 27 de diciembre de 2022.

Banxico, (2022), Comunicado de Prensa Consejo de Estabilidad Financiera, https://www.banxico.org.mx/publicaciones-y-prensa/miscelaneos/%7B6552AB28-CAC7-7558-4FEB-C021B1ADCF0D%7D.pdf recuperado el 29 de diciembre de 2022.

Bergsten, C. F., & Green, R. A. (2015). Overview: International Monetary Cooperation: Lessons from the Plaza. En Managing the Dollar: From the Plaza to the Louvre (pp. 1-20). Peterson Institute for International Economics

Bitcoin.com.mx, (2019) Historia y Trayectoria del Bitcoin, https://www.bitcoin.com.mx/infografia-historia-y-trayectoria-de-bitcoin/ recuperado el 24 de diciembre de 2022.

Bitso. (2024). Crypto Landscape in Latin America 2024. Bitso Research. Recuperado de https://blog.bitso.com/wp-content/uploads/2024/08/ENG_Crypto-Report-FINAL-1.pdf el 10 de agosto de 2025.

Bloomberg (2022) Digital Yuan needs to strike balance on privacy, https://www.bloomberg.com/news/articles/2022-10-31/pboc-s-yi-gang-says-digital-yuan-privacy-needs-to-strike-balance?leadSource=uverify%20wall recuperado 3 de diciembre de 2022.

Bloomberg (2023), IMF Chief Georgieva Warns of 'Tough Year' for World Economy, https://www.bloomberg.com/news/articles/2023-01-02/imf-chief-georgieva-warns-of-tough-year-for-world-economy?srnd=premium&leadSource=uverify%20wall recuperado 2 enero 2023.

Board of Governors of the Federal Reserve System. (s.f.). Central bank liquidity swaps. Recuperado el 7 de julio de 2025, de https://www.federalreserve.gov/monetarypolicy/bst_liquidityswaps.htm

Board of Governors, US Federal Reserve Bank (2022) Money and Payments: The U.S. Dollar in the Age of Digital Transformation, recuperado el 6 de diciembre de 2022, https://www.federalreserve.gov/publications/files/money-and-payments-20220120.pdf

Bureau of Economic Analisis (2025) Gross Domestic Product, 2nd Quarter 2025 (Advance Estimate) https://www.bea.gov/news/2025/gross-domestic-product-2nd-quarter-2025-advance-estimate recuperado el 30 de julio de 2025.

Bureau of Economic Analysis. (2025, julio 3). U.S. International Trade in Goods and Services, May 2025. U.S. Department of Commerce. https://www.bea.gov/news/2025/us-international-trade-goods-and-services-may-2025

Cacciari, M. (2018). The withholding power: An essay on political theology. Polity Press.

Circle. (s.f.). USDC: Una moneda digital regulada. https://latam.usdc.com/es-la/

CNBC. (2022) Bill Gross says markets are headed for 'potential chaos' if interest rates keep going up. https://www.cnbc.com/2022/12/20/bill-gross-says-markets-are-headed-for-potential-chaos-if-interest-rates-keep-going-up.html , recuperado el 20 de diciembre de 2020.

Comisión Federal de Comercio (2022), Lo que hay que saber sobre las criptomonedas y las estafas, https://consumidor.ftc.gov/articulos/lo-que-hay-que-saber-sobre-las-criptomonedas-y-las-estafas#saber recuperado 30 de diciembre 2022.

Congressional Budget Office. (2024, febrero). The Budget and Economic Outlook: 2024 to 2034 (Publication No. 59710). https://www.cbo.gov/publication/59710

Corn D. (2021, noviembre). How dangerous is Peter Thiel? Mother Jones. https://www.motherjones.com/politics/2021/11/how-dangerous-is-peter-thiel/

Council of Economic Advisers. (s. f.). Information resources. The White House. Recuperado el 27 de junio de 2025, de https://www.whitehouse.gov/cea/information-resources/

Diehl, S. (2025). Deconstructing the worldview of Peter Thiel. Stephen Diehl's Blog. https://www.stephendiehl.com/posts/desconstructing_thie l/

El confidencial (2025). Peter Thiel El soldado de Trump en la sombra: así está Peter Thiel amasando un imperio millonario, recuperado el 3 de julio de 2025, https://www.elconfidencial.com/tecnologia/2025-02-26/peter-thiel-trump-soldado-sombra-imperio-millonario-inversiones_4067612/

European Central Bank, (2021), Preparing for the euro's digital future, recuperado el 16 de julio de 2021, https://www.ecb.europa.eu/press/blog/date/2021/html/ecb. blog210714~6bfc156386.en.html

Feith, D. (2022, 8 de julio). Economic Strategy and Statecraft: From Engagement to Decoupling. Ronald Reagan Institute. https://www.reaganfoundation.org/reagan-institute/publications/economic-strategy-and-statecraft-from-engagement-to-decoupling-by-david-feith

FIRSTonline. (2025, July 19). Stablecoins: What they are and why Trump's Genius Act could become a high-risk gamble. https://www.firstonline.info/en/Stablecoins%3A-what-they-are-and-why-Trump%27s-Genius-Act-could-become-a-high-risk-gamble/

Flanagan, G. L. (2025, July 15). Current mortgage rates report for July 15, 2025. Fortune. https://fortune.com/article/current-mortgage-rates-07-15-2025/

Fortune (2025, julio 15) Mortgage Rates Report https://fortune.com/article/current-mortgage-rates-07-15-2025/ Recuperado el 15 de julio de 2025.

Fox Business, (2022), Ex-Alameda CEO Caroline Ellison says she and Sam Bankman-Fried misled FTX investors in court plea, https://www.foxbusiness.com/politics/alameda-caroline-ellison-sam-bankman-fried-says-she-misled-investors-court-plea recuperado el 23 de diciembre de 2022.

Ghizoni, S. K. (s. f.). Creation of the Bretton Woods System. Federal Reserve History. Board of Governors of the Federal Reserve System. Recuperado el 9 de julio de 2025, de https://www.federalreservehistory.org/essays/bretton-woods-created

Hada, ChainCatcher. (2025, 7 de julio). Peter Thiel joins Trump's "big donor" circle: crypto giants and Silicon Valley moguls compete to enter crypto banking. ChainCatcher. https://www.chaincatcher.com/en/specialt/73

Historia National Geographic (2023). URSS: el país que desapareció en Navidad. Recuperado el 2 de julio de 2025, https://historia.nationalgeographic.com.es/edicion-impresa/articulos/urss-pais-que-desaparecio-navidad_17406

Huang, J. Z. Y. (2025, June 30). Overview and Analysis of the GENIUS Act. McMillan LLP. https://mcmillan.ca/insights/publications/overview-and-analysis-of-the-genius-act/

International Banker. (2024, abril 18). Is China engaging in large-scale dumping of US Treasury securities? https://internationalbanker.com/finance/is-china-engaging-in-large-scale-dumping-of-us-treasury-securities/

International Monetary Fund. (2025, April 22). The global economy enters a new era. IMF Blog. https://www.imf.org/en/Blogs/Articles/2025/04/22/the-global-economy-enters-a-new-era

International Monetary Fund. (s.f.). How the United States finances its current account deficit. https://www.imf.org/external/np/exr/center/mm/eng/mm_sc_03.htm

Investopedia. (2003). Petrodollars: Definition, History, Uses. Recuperado de
https://www.investopedia.com/terms/p/petrodollars.asp

Investopedia. (2009, 21 de septiembre). The Plaza Accord's effects on currency markets. Investopedia.
https://www.investopedia.com/articles/forex/09/plaza-accord.asp

Keynes, J. M. (1942). Proposals for an International Clearing Union. Treasury Memorandum. Reproducido en: Moggridge, D. E. (Ed.), The Collected Writings of John Maynard Keynes (Vol. 25).

Light, J. (2025, 7 de agosto). Everyone is along for the crypto ride now, even if it ends badly. Barron's. Recuperado de MSN: https://www.msn.com/en-us/money/markets/everyone-is-along-for-the-crypto-ride-now-even-if-it-ends-badly/ar-AA1K3VM3 el 9 de agosto de 2025.

Llabrés, V. (2025, 3 de julio). Peter Thiel lanza Erebor: nuevo banco crypto para start-ups. 99Bitcoins.
https://99bitcoins.com/es/noticias/peter-thiel-lanza-erebor-nuevo-banco-crypto-para-start-ups/

Macheel, T. (2025, agosto 12). *Circle shares rise as second-quarter revenue jumps 53% on strong stablecoin growth* [Las acciones de Circle repuntan tras un aumento del 53 % en los ingresos del segundo trimestre por el fuerte crecimiento de la stablecoin]. CNBC.
https://www.cnbc.com/2025/08/12/circle-crcl-earnings-q2-2025.html

MarketWatch. (2024, julio 10). Why the government's debt problem is your borrowing problem — but also your opportunity to save.
https://www.marketwatch.com/story/why-the-governments-debt-problem-is-your-borrowing-problem-but-also-your-opportunity-to-save-1201543e

Mena, B. (2025, agosto 8). Trump nominates tariff policy architect Stephen Miran to Federal Reserve Board. CNN. https://edition.cnn.com/2025/08/07/business/stephen-miran-fed-trump-nominate

Mester, L. J. (2022, October 4). An update on the Federal Reserve's efforts to modernize the payment system. Federal Reserve Bank of Cleveland. https://www.clevelandfed.org/collections/speeches/2022/sp-20221004-an-update-on-the-federal-reserves-efforts-to-modernize-the-payment-system

Mester, Loretta J. 2020. "Los pagos y la pandemia". Discurso, Simposio de Pagos del 20° Aniversario de Chicago - Banco de la Reserva Federal de Chicago - Chicago, IL (vía videoconferencia).

Mester, Loretta J. 2022. "Una actualización sobre los esfuerzos de la Reserva Federal para modernizar el sistema de pago". Discurso, Discurso principal, Simposio de pagos de Chicago 2022: Creación de redes adaptables y centradas en el cliente, Banco de la Reserva Federal de Chicago, Chicago, IL.

Miran, S. (2023). A user's guide to restructuring the global trading system. Hudson Bay Capital. https://www.hudsonbaycapital.com/documents/FG/hudsonbay/research/638199_A_Users_Guide_to_Restructuring_the_Global_Trading_System.pdf

Miran, Stephen (@SteveMiran). "Our expectations for deficit reduction were predicated upon tariffs as they were in July. Based on the higher tariff rates embedded in the President's trade deals, deficits will begin to decline even faster and further." X (formerly Twitter). July 29, 2025. https://x.com/SteveMiran/status/1949804067749867848.

OroyFinanzas. (2015, febrero 11). ¿Qué es el Acuerdo Plaza (Plaza Accord Agreement)? Oro y Finanzas. https://www.oroyfinanzas.com/2015/02/que-es-plaza-acuerdo-accord-agreement/

Parra, S. (2025, abril 1). ¿Qué fue la Ley Smoot-Hawley? La actual guerra de aranceles revive los fantasmas de 1930. National Geographic España. https://www.nationalgeographic.com.es/mundo-ng/guerra-aranceles-eco-smoot-hawley-era-trump_24636

Picchi, A. (2025, julio 9). The U.S. spends $1 trillion a year to service its debt. Here's what to know about Trump's "big, beautiful bill." CBS News. https://www.cbsnews.com/news/trump-big-beautiful-bill-federal-debt-servicing-cost-what-to-know/

Pistilli, M. (2025, marzo 18). Will there be a BRICS currency? Investing News. https://investingnews.com/brics-currency/

Plus500.com (s.f), La Historia de Bitcoin, https://www.plus500.com/es-ES/Instruments/BTCUSD/The-History-of-Bitcoin~3 recuperado el 24 de diciembre de 2022.

Prazeres, L. (2025, 7 de julio). Por qué Trump acusa a los países BRICS de ir en contra de EE.UU. (y qué responde el bloque). BBC Mundo. https://www.bbc.com/mundo/articles/c8xvd8yw4j5o

Reuters. (2025, agosto 12). *Bessent says he is hopeful Miran can be confirmed Fed post by September meeting. Reuters.* https://www.reuters.com/world/us/bessent-says-he-is-hopeful-miran-can-be-confirmed-fed-post-by-september-meeting-2025-08-12

Roberto Mtz, (26 mayo 2022) Creativo 227 Ricardo Salinas Pliego, https://www.youtube.com/watch?v=axrA7DlNBZ4&t=4270s , recuperado diciembre 23 2022.

Rustici, T.-C. (2024, 27 de marzo). El arancel Smoot-Hawley y la Gran Depresión [Publicado originalmente en 2012]. FEE – España. Recuperado de https://fee.org.es/articulos/el-arancel-smoot-hawley-y-la-gran-depresi%C3%B3n/

Santander, (2022) Guía para saber que son las criptomonedas, https://www.santander.com/es/stories/guia-para-saber-que-son-las-criptomonedas recuperado el 23 de diciembre de 2022.

Sants, A. (2025, agosto 3). Magical thinking. Econlib. https://www.econlib.org/magical-thinking/

Schiff gold, (2022) Peter Schiff: El sector privado puede llevarnos de regreso a un patrón oro, https://schiffgold.com/interviews/peter-schiff-the-private-sector-can-lead-us-back-to-a-gold-standard/ recuperado el 22 de diciembre de 2022.

Securities and Exchange Commission, Statement on the Approval of Spot Bitcoin Exchange-Traded Products, https://www.sec.gov/news/statement/gensler-statement-spot-bitcoin-011023 Recuperado el 10 de junio de 2024.

Securities and Exchange Commission. (2025, July 29). SEC permits in-kind creations and redemptions for crypto ETPs (Press Release No. 2025-101). U.S. Securities and Exchange Commission. Recuperado de: https://www.sec.gov/newsroom/press-releases/2025-101-sec-permits-kind-creations-redemptions-crypto-etps el 4 de agosto de 2025.

Sumner, S. (2024). Let's hope that tariffs are inflationary. EconLib – Library of Economics and Liberty. https://www.econlib.org/lets-hope-that-tariffs-are-inflationary/

Sundaram, J. K. (2024, 2 de junio). El dilema del dominio de EE.UU. A Terra é Redonda. https://es.aterraeredonda.com.br/o-dilema-do-dominio-dos-eua/

Taubeneck, A. (2025). Between Evangelicals and Trump: Redemption Through Sin. Political Theology Network. Recuperado de https://politicaltheology.com/between-evangelicals-and-trump-redemption-through-sin/

The Center Square. (2025, marzo 3). President Trump on Tariffs: "They Can't Come In and Steal Our Money and Steal Our Jobs" [Video]. YouTube. https://www.youtube.com/watch?v=c8KzQLI2NIA&t=23s

The White House. (2025, July 18). Fact sheet: President Donald J. Trump signs GENIUS Acinto law –Hoja Informativa- Recuperado de https://www.whitehouse.gov/fact-sheets/2025/07/fact-sheet-president-donald-j-trump-signs-genius-act-into-law/

Thiel P.A. (2024 octubre 8). Apocalypse Now? Peter Thiel on ancient prophecies and modern tech [Video/podcast]. En Uncommon Knowledge with Peter Robinson. Hoover Institution. Grabado el 8 de octubre de 2024. https://www.hoover.org/research/apocalypse-now-peter-thiel-ancient-prophecies-and-modern-tech

Thiel, P. (2024). Peter Thiel on political theology and the katechon [Entrevista de podcast]. En P. Robinson. Uncommon Knowledge. Hoover Institution. https://conversationswithtyler.com/episodes/peter-thiel-political-theology/

Thiel, P. (n.d.). A brilliant idea doesn't guarantee a brilliant company... BrainyQuote. https://www.brainyquote.com/quotes/peter_thiel_425644

Thiel, P. A. (2024, octubre 8). Part II: Apocalypse now? Peter Thiel on ancient prophecies and modern tech. Hoover Institution. https://www.hoover.org/research/part-ii-apocalypse-now-peter-thiel-ancient-prophecies-and-modern-tech

Trading Economics. (2025). United States Balance of Trade. Recuperado el 7 de julio de 2025, de https://tradingeconomics.com/united-states/balance-of-trade

Trading Economics. (2025). United States Dollar Index (DXY). https://tradingeconomics.com/united-states/currency

Trading Economics. (2025). United States Government Bond 10Y. https://tradingeconomics.com/united-states/government-bond-yield recuperado el 15 de julio de 2025.

Trump, D. J. (2025, 7 de agosto). Democratizing Access to Alternative Assets for 401(k) Investors [Executive Order]. The White House. Recuperado de https://www.whitehouse.gov/presidential-actions/2025/08/democratizing-access-to-alternative-assets-for-401k-investors/ el 8 de agosto de 2025.

U.S. Department of the Treasury. (s. f.). Major foreign holders of Treasury securities. Treasury International Capital System (TIC). Recuperado el 10 de julio de 2025, de https://ticdata.treasury.gov/

U.S. Securities and Exchange Commission. (2025, July 18). Statement on the GENIUS Act [Declaración traducida]. https://www.sec.gov/newsroom/speeches-statements/atkins-statement-genius-act-071825

USA.gov. (s. f.). Inversiones. Gobierno de Estados Unidos. Recuperado el 10 de julio de 2025, de https://www.usa.gov/es/inversiones.

Vocabulary.com. (s. f.). tekki. En Vocabulary.com dictionary. Recuperado el 2 de julio de 2025, de https://www.vocabulary.com/dictionary/tekki

Warren, E., & Blumenthal, R. (2025, 11 de junio). Letter to Mark Zuckerberg regarding stablecoin plans [Carta dirigida al CEO de Meta sobre planes de stablecoin]. United States Senate Committee on Banking, Housing, and Urban Affairs. https://www.banking.senate.gov/imo/media/doc/20250611_warren_blumenthal_letter_to_meta_re_stablecoin.pdf

White House (2022), Posibilidades Técnicas para una moneda digital del banco central de EU, https://www.whitehouse.gov/ostp/news-updates/2022/09/16/technical-possibilities-for-a-u-s-central-bank-digital-currency/ recuperado 10 enero 2023.

WhiteHouse.gov (2025) Putting America First in International Environmental Agreements, recuperado el 2 de julio de 2025, https://www.whitehouse.gov/presidential-actions/2025/01/putting-america-first-in-international-environmental-agreements/

Winters, M. (2025, julio 30). Fed keeps rates steady despite Trump's calls for cuts. CNBC. https://www.cnbc.com/2025/07/30/fed-keeps-rates-steady-despite-trumps-calls-for-cuts.html

Zenteno, D. (2024, abril 2). 2 de abril en la Casa Blanca: ¿Día de la liberación económica o Día de los inocentes? [Captura de pantalla]. The Conversation. Recuperado el 7 de julio de 2025, de https://theconversation.com/2-de-abril-en-la-casa-blanca-dia-de-la-liberacion-economica-o-dia-de-los-inocentes-253785

Acerca del autor:

Ramón Salcido Moreno, (Master en Administración) es catedrático de Economía y Sociedad, Finanzas Internacionales, Análisis de Estados Financieros y Mercadotecnia en la Universidad Autónoma de Chihuahua desde el 2003.

También es periodista especializado en negocios y economía, desde el 2001. Ha laborado para medios impresos, radio y televisión, locales y estatales, como reportero y editor. Actualmente colabora con artículos de opinión sobre temas relacionados a su especialidad.

Asimismo, brinda conferencias sobre temas como Proveedores de la Industria Maquiladora, Economía en la Frontera Norte, Teoría Monetaria, Estrategias de Comunicación, entre otros.

Contacto: elmonetario@gmail.com

ISBN: 978-1-948150-89-7

www.ingramcontent.com/pod-product-compliance
Lightning Source LLC
Chambersburg PA
CBHW050508210326
41521CB00011B/2377